SEO

para

PRINCIPIANTES

Esther Roche Polo

Coach2Coach.es

Un libro de SEO básico dedicado a todos aquellos que empiezan a conocer todo esto del marketing online y el SEO y que, entre tanta información disponible, no saben muy bien por dónde tirar.

SEO

para

PRINCIPIANTES

Esther Roche Polo

ÍNDICE

PARTE II - YA NO ERES UN NOVATO: Ya sabes más de SEO que el 98% de los usuarios y que el 90% de quienes gestionan su web.

Te deseo un feliz posicionamiento

PRIMERA PARTE

PRINCIPIANTES AL PODER

INTRODUCCIÓN

EL MARKETING ONLINE PARA EMPRENDER

Quiero comenzar dando una breve introducción a lo que creo que es esencial saber **antes** de adentrarse en el mundo del marketing online. Y es que "dicen las malas lenguas" que *hoy día, si no estás en internet, sencillamente, no existes*. Quizá para algunos negocios esto sea algo exagerado, pero justamente esos negocios no son los que están leyendo este libro.

Quiero también darte la **enhorabuena por tu predisposición** a aprender, desde abajo, los fundamentos del marketing online.

Si te ha picado la curiosidad es porque, además de emprendedor…

a) en algún momento te has planteado "clonar" tu negocio al mundo online

b) en algún momento te has planteado iniciar un negocio online directamente
c) ya tienes un negocio online y quieres profundizar en el tema del marketing online
d) cualquiera de las anteriores solo que no es un negocio online, sino un blog para otros fines

Lo que está claro es que **tiene que haber un motivo que desencadene un interés genuino** en saber y aprender, en todos los aspectos vitales. Y si además de ese desencadenante, existe un objetivo hacia el que dirigirnos, **la motivación se multiplica**.

Hace poco lo decía en uno de mis posts: *"Seguro que a mi padre o a mi tía la del pueblo no les interesa lo más mínimo qué es el marketing online o qué es el posicionamiento orgánico, igual que a mí no me interesa saber cómo se hace un motor de dos tiempos ni el encaje de bolillo".*

De modo que si estás leyendo esto es porque tienes una motivación y, seguramente, un objetivo. ¡Bien! Eso es lo primero que hay que tener. Y es que, **tener visibilidad en internet es algo muy distinto a lo que la mayoría piensa** al principio.

La mayoría de los neófitos suelen pensar que "hacer una web" y publicarla es suficiente, que ya estamos en internet: ¡ahí está! cuando ponemos en Google *"mimaravillosaweb.com"*.

ERROR

No. **Estar en internet no es lo mismo que ser visible en internet. Y si no somos visibles, ¿para qué queremos la web?** Es como predicar en el desierto.

La visibilidad en internet no llega por ciencia infusa: se alcanza a través del marketing online, de una serie de herramientas y acciones **que posibilitan y facilitan la localización de nuestra web a través de los buscadores** (Google, Bing, Yahoo, etc.).

De lo contrario, **aunque tengamos el producto o servicio más fantástico del mundo y una web estupendamente diseñada de cara al público, será como si ponemos nuestro producto o servicio en un escaparate diseñado por el mismísimo Yves Saint Laurent, pero en medio del desierto de Gobi.**

Así que has de **preguntarte si realmente quieres visibilidad o solamente quieres tener una web como el que tiene un tío en Alcalá.**

¡Quizá tienes los medios suficientes para que terceros te lleven la gestión de tu web, su posicionamiento, campañas de e-mail marketing, creación de contenidos y gestión de las redes sociales! En ese caso, ¡genial! Ojala todos tuviésemos ese aspecto del negocio cubierto, nos quitaríamos un peso de encima.

Pero si eres de los que quiere o le gustaría gestionar todo lo anterior, entonces sí hay que plantearse seriamente: ¿quiero visibilidad en internet, de verdad?

Quizá…:

a) No, porque eres una empresa tipo *Movistar*, *Corte Inglés* o *Amazon* y no necesitas todas estas herramientas porque los clientes te llegan solos (aun así, precisamente todas estas empresas son las que mejor dominan el arte del marketing online: ¿quizá les va tan bien en parte por ello?);

b) No, porque tienes una web simplemente como "tarjeta de visita", lo cual es muy respetable, pero creo que entonces no estarías leyendo esto;

c) Sí, quieres adquirir visibilidad porque quieres que te encuentren clientes, lectores, prospectos, fans, seguidores,… tu audiencia, tu público. Importante: lo primero que debes hacer es identificar a tu público ideal. Sin esto, tampoco llegarás muy lejos. **Conoce a tu cliente o tu público objetivo y piensa como él o ella**.

Los de la OPCIÓN C, que sigan leyendo. El resto quedan excusados de la clase. ☺

No voy a explicar aquí lo que es el marketing online porque hay una buena explicación en mi web, que altamente recomiendo leas primero y que además indica cuáles son los **5 elementos fundamentales de un marketing online efectivo** (crear conciencia, servir, informar, conectar y vender). Para qué repetirme. Lo importante de esa explicación son dos cosas:

a) **que sin esos elementos, sin un buen plan de marketing online, no llegaremos muy lejos;**

b) **que el marketing online es construir relaciones.**

Así pues, repito, te recomiendo que pongas en tu buscador: "coaching posicionamiento web". Coach2Coach Suele salir en el 1er puesto o en el 2º. De ahí, dirígete directamente a >Más Info>Qué es el marketing online. Aquí te espero.

Te felicito si ya estás de vuelta de esa explicación, porque **así ahora tendrás una base mucho más firme** para comprender mucho mejor la relación de aquellos elementos con lo que voy a contar a continuación. Todavía estás a tiempo… Anda…

Ahora voy a contarte directamente **las 4 herramientas principales del marketing online.**

(Digo las principales porque hay muchas más, pero hay que elegir, no podemos abordarlas todas. Además de las que menciono a continuación existen muchas otras, e incluso algunas derivadas de éstas, por lo que si quisiésemos abordarlas todas al gestionar nuestro blog o web, esto sería el trabajo de varias personas, full-time).

Recalcar que, pese a que podrías utilizar solamente una o dos de las siguientes técnicas, te recomendaría que tomases en cuenta todas las que voy a indicar, en la medida de lo posible.

No existe un modo correcto y dogmático de abordar el marketing online. Su aplicación depende de muchos factores, objetivos, recursos, audiencia, estrategia, competencia, habilidades, etc. No obstante creo que **la combinación de estas 4, bien aplicada, ya supondrá un gran empujón para tu visibilidad** en internet porque he escogido precisamente **las más eficaces**, bajo mi punto de vista (que además son las más comunes). Aunque vuelvo a repetir, no es un dogma.

Aquí daré una explicación breve de cada una aunque, como ya sabes, este libro se centra sobre todo en el SEO para principiantes, como fundamento de cualquier plan de marketing online, a mi modo de ver.

LAS CUATRO PATAS BÁSICAS DEL MARKETING ONLINE

1. **Posicionamiento en buscadores u orgánico:** es una mezcla de muchos factores y, personalmente, creo que es el más complicado de todos los que vamos a enumerar aquí. El posicionamiento orgánico o SEO (*Search Engine Optimization*,) lleva tiempo, no lo vamos a negar; sin embargo, si bien aplicado, obtiene **grandes resultados**, así que cuanto antes empieces, antes te posicionarás.

   El posicionamiento natural es llamado así porque se trata de posicionar nuestra web de forma *natural*, sin pagar y sin usar técnicas "poco decorosas" (*black hat SEO*). Del posicionamiento de pago se ocupa el denominado SEM (*Search Engine Marketing*) y es, básicamente, poner anuncios en internet para que la gente haga click en ellos y lleguen a nuestra web. Es el caso de los banners, o los anuncios que ves, por ejemplo, en la página de resultados de Google, arriba del todo y a la derecha (Google Adwords).

   Dentro del posicionamiento orgánico hay que distinguir el SEO on-page y off-page. La diferencia radica en el "lugar" en que llevamos nuestras acciones, dentro o fuera de nuestra web, al final del libro encontrarás una explicación detallada y sencilla sobre la diferencia entre SEO on-page y SEO off-page y algunas pautas para llevar a cabo este último, aunque en esta guía me centro más en el SEO on-page.

2. **Blogging o contenido adicional:** los blogs son los grandes impulsores del posicionamiento, por aquello de que *"el contenido es el rey"*. Si bien es cierto que no es condición *sine qua non*, también es verdad que **el blog es el catalizador del posicionamiento.**

   La forma en que los blogs están codificados (su arquitectura), la frecuencia y regularidad de contenido publicado, así como los enlaces generados por el mismo, hacen de ellos *imanes del SEO*.

   Hoy en día ya no hay prácticamente diferencia entre una web "programada" y un blog realizado con un CMS (*Content Management System, Gestor de Contenidos*). De hecho, la mayoría de servicios en el mercado que ofrecen diseño web, recurren directamente a un CMS, que además por lo general es WordPress por su gran capacidad y funcionalidad.

   De modo que ten muy en cuenta la posibilidad de incluir un blog en tu web y en tu estrategia global de marketing online para incrementar tu visibilidad, comunicar, informar, etc. (Recuerda que en mi explicación del marketing online, estos son elementos fundamentales).

3. **Redes Sociales.** También llamadas *Social Media*. El poder de las redes sociales es innegable. Permiten discutir, debatir, revisar, comentar, difundir, recomendar, exponer, dar visibilidad, viralizar y todo lo

que se pueda imaginar. Esto lo **puedes utilizar en tu beneficio con la estrategia adecuada**.

Twitter, Facebook, LinkedIn y Google+ no son simplemente herramientas donde conectar con los amigos y los amigos de sus amigos. Son también herramientas que se aprovechan para **crear conversaciones** con tu audiencia, donde compartir información valiosa para ella, donde solucionar dudas o atender consultas y, lo más importante, donde **crear marca personal y generar confianza** por parte de tu público. (Recuerda de nuevo que en mi explicación del marketing online, uno de los puntos fundamentales es que *hemos de servir antes de vender*).

4. **E-Mail marketing.** Es una herramienta clave del marketing online. Primero necesitarás construir una base de datos a la que enviar tus boletines, *newsletters*, información sobre tu empresa, ofertas, etc. Recuerda que el marketing online es **crear relaciones**.
   Además de tus acciones en las redes sociales, ésta es otra de tus bazas para crear esas relaciones, el E-Mail marketing. A través de él construirás una relación más cercana con tus suscriptores y éstos confiarán en ti gracias a esa relación. No les decepciones. Dales información valiosa, mantén el contacto, responde a sus preguntas, resuelve sus dudas, y nunca, **nunca prometas lo que no puedas cumplir**.

Adquiere un auto-respondedor. Nunca envíes emails a cientos de contactos de tu base de datos desde tu propio email. El servidor lo calificará como SPAM y esto es peligroso porque puedes quedar incluido o incluida en la lista negra.

Además del auto-respondedor, recuerda que necesitarás una vía mediante la que captar a esos suscriptores, generalmente en tu web. Esta vía es el Formulario de Suscripción, en la web puedes encontrar información al respecto.

Bien, pues creo que como introducción al marketing online, hemos cubierto bastantes aspectos, todos ellos fundamentales.

Lo importante es recordar - y vuelvo de nuevo a hacer hincapié en lo mismo - que "lanzar" un negocio online no debe limitarse a la creación de una web o una tienda e-commerce o un blog.

Esto no garantiza, ni muchísimo menos, nuestra visibilidad ni exposición ante el público, a menos que tengamos un equipo de marketing tradicional que nos haga conocidos por otros medios como puede ser la prensa, radio, campañas de correo o telefónicas, televisión etc.

Supongo que este no es tu caso y por ello no puedo dejar de insistir en la **necesidad de implementar un plan de marketing online efectivo que reúna unas cuantas de las herramientas que acabo de mencionar**. Puedes optar por solo una de ellas, aunque esto supondría, casi con toda probabilidad, un esfuerzo mucho mayor y un retraso considerable respecto a aquellos que opten por varias o, mejor aún, por todas ellas.

A continuación, y con el objetivo de que comprendas el fundamento principal del SEO, y así puedas llevar a cabo mejor tus acciones de posicionamiento, te explicaré brevemente cómo opera Google en relación con las páginas web y los usuarios, aunque profundizaré algo más a lo largo del libro. Si sabes qué es lo que hace Google te costará menos trabajo entender qué es y por qué es necesario el posicionamiento natural.

Por cierto, si lees este libro de principio a fin, te darás cuenta de que repito muchas cosas en lugares diferentes. No es por error. Al contrario, repito explicaciones de conceptos a lo largo de todo el contenido precisamente porque quiero que, a base de repeticiones y de explicar las cosas de distintas formas, interiorices más y mejor. Por ejemplo, reitero a menudo los temas de la operativa de Google, la indexación y muchos aspectos básicos del SEO, como la estructura, justamente por esta razón.

También añadir que, si no te has descargado el preliminar de este libro, ¡no sabes lo que te estás perdiendo! Es gratuito y habla de temas todavía más básicos, como

- Las 10 Claves para Empezar la Creación de tu Blog
- 5 Cosas Indispensables para Empezar un Negocio Online
- Decisiones a Tomar antes de Hacer un Blog
- Qué es WordPress y para qué Sirve

- Qué Cosas debo Incluir en mi Web
- Y mucho más…

Este manual preliminar es una compilación de los mejores posts de Coach2Coach, ordenados de forma estructurada, en lugar de cronológica. A veces un blog puede resultar algo complicado de seguir dada su estructura y por eso decidí mejorar todos esos posts y hacer un compendio estructurado. Ha tenido muchísimo éxito entre los suscriptores:

"Esther, gracias por este manual. Sigo tu blog casi desde el principio y con el manual me queda todo mucho más claro". Begoña O. Usuaria Coach2Coach.

Puedes descargarlo gratuitamente desde cualquier página de Coach2Coach. Aprovecho, ya que estás de vuelta, para decirte que este es, o debería ser, un libro, llamémosle *interactivo.* Me refiero a que a menudo cito posts de mi web que te serán muy útiles para ampliar, y sobre todo, interiorizar conocimientos.

Ten en cuenta que, todo lo que sé, (poco me guardo) está reflejado en este libro + el preliminar descargable de forma gratuita + mis posts. Además, de vez en cuando, te pediré que hagas pruebas en el buscador de Google, "experimentos", para que, a través de la experiencia, te quede todo mucho más claro. De ahí que considere este libro de cierto nivel interactivo. ¿Vamos entonces a ver cómo opera Google? A por ello.

CÓMO OPERA GOOGLE

Si quieres ser un chef experimentado y sorprender a tus comensales, seguramente conoces el funcionamiento de una cocina y de las formas que hay de cocinar: hervir, freír, asar, pochar, adobar... De esta forma te resultará mucho más fácil y rápido llevar a cabo las recetas más complejas.

Lo mismo ocurre con el marketing online y el posicionamiento. Si conoces la operativa de los motores de búsqueda, te resultará más fácil llevar a cabo tus "recetas" de posicionamiento.

Así pues, voy a explicarte, de forma breve y sencilla, cómo funciona Google respecto a tu web, una vez la publicas en internet.

Deja que en primer lugar te diga que, cuando buscas algo en Google, NO estás buscando en toda la *World Wide Web*. Estás buscando solamente en los documentos HTML (webs por lo general) que Google ha "encontrado" por la WWW **cuando la rastrea**. Si buscas algo en Bing, o en Yahoo! ocurre lo mismo. Como Google es quien mejor rastrea y mejores resultados ofrece a los usuarios, tiene más éxito a nivel mundial que el resto de motores de búsqueda, pero esto, repito, no significa que estés buscando a nivel de **la red** al completo. Entonces, teniendo en cuenta que Google es el buscador por excelencia, a partir de aquí me referiré por lo general a Google cuando hablo de *motores de búsqueda*.

Dicho esto, empecemos a entender **la operativa de Google** a nivel de "encontrar" las innumerables páginas web que "nacen, crecen, se reproducen y mueren" en un día cualquiera. (Como dato curioso, en http://www.internetlivestats.com/ puedes ver estadísticas sobre el mundo online, como que las webs activas en este momento son más de mil millones y que más del 75% están inactivas... ¿por qué será?).

¿QUÉ HACER UNA VEZ MI WEB ESTÁ LISTA?

1. Dar a conocer tu web a Google: preséntate.

Cuando publicas por primera vez tu web en internet, lo primero que debes hacer es notificar a Google del "nacimiento"; sería algo así como tu inscripción en el registro civil. Esto se hace desde aquí: *http://www.google.com/intl/es/submit_content.html*

A continuación deberías enviarles el mapa de tu sitio a través de Google Webmaster Tools. (No voy a entretenerme en esto pero si quieres algo más de información al respecto, puedes visitar este post, *Indexar web en Google).*

A estas alturas, si pones tu URL completa en el buscador, seguramente todavía no apareces en la página de resultados (SERP, *Search Engine Results Page*).

2. Google te reconoce y acepta.

Una vez te presentas a Google y éste te reconoce como parte de la "comunidad", te mandará a su araña. No desesperes, a veces le lleva un tiempo, pero al final, poniendo tu URL, aparecerá en la SERP. ¡Por fin!

3. Rastreo de la araña.

Google utiliza a la araña (o robot, *googlebot*, spider etc.) para rastrear su "parcela" (más bien latifundio) de la web.

(Recuerda que al principio te decía que cuando buscas en cualquiera de los motores de búsqueda, no estás pidiendo información a la web al completo, sino al motor específico que tú uses habitualmente).

La mejor opción para que te encuentre, atención, es que OTRA WEB con buena reputación apunte a la tuya. Sin embargo, esto es bastante improbable si tu web es recién "nacida", así que deberemos asegurarnos de que al menos nuestra web contiene **enlaces internos bien dispuestos** entre sus páginas para que la araña sea capaz de "pasar" por todas ellas.

Esto es la arquitectura o estructura web, que considero el pilar fundamental del posicionamiento, junto con el linkbuilding, los backlinks y los enlaces HTML internos.

¿Por qué la estructura es tan vital? Porque si los enlaces son inexistentes o un embrollo o están mal colocados, ¿qué crees que hará la araña? En el primer caso, simplemente no pasará de la primera página (generalmente tu página de inicio); en el segundo y tercero, se hará un lío y desistirá de indexarte. ¿Y qué? Ahora verás. El siguiente paso es la indexación.

4. Indexación

Con cualquiera que sea la información que la araña rastree sobre tu web, necesita "meterla" en algún lugar, clasificarla. Esto es la indexación. Te dejo otra referencia a otro post por si quieres saber más sobre lo que es *indexar en Google*.

Si tu web no está bien estructurada teniendo en cuenta enlaces HTML internos, externos, títulos de páginas, menús, categorías, contenido (textos e imágenes), etc., la araña no tendrá mucha idea *de qué va* tu web. ¿Qué crees que puede ocurrir en ese caso?

Piensa en esos papelotes que sueles poner en tu bandeja de entrada y ahí se quedan durante meses porque no sabes dónde ponerlos, no entran en ninguna categoría concreta de las decenas de carpetas o cajones que tienes. **¿Qué haces tú con ellos?**

Al final, o **van a la papelera**, o **los metes en una carpeta llamada "varios"**, "misceláneos", "indefinidos"... **o siguen en la bandeja amontonándose uno sobre otro**. Después, cuando quieres encontrar uno de ellos, **te cuesta encontrarlo entre la maraña** de "papeláneos". Acabo de inventarme un nuevo término.

Pues lo mismo hace la araña. Aquello que le cuesta clasificar, indexar, de forma clara, concreta, determinada, lo mete en una inmensa carpeta de "papeláneos", donde será muy, muy difícil que alguien te encuentre. Y me imagino que no quieres jugar al escondite.

Por esto es clave que enlaces tus páginas y entradas entre sí. Y no solamente que lo hagas, sino que **lo hagas bien**, de forma estructurada, no poniendo enlaces sin ton ni son y a mansalva. En el post sobre *enlaces internos y textos ancla* te explico más sobre cómo debes enlazar, desde el punto de vista del texto y temática de los mismos.

5. PageRank

El PageRank es un término con copyright de Google. Es una especie de calificación que asignan a cada web que rastrean y va del 0 al 10. Si tu PR es cero, no es muy relevante en términos generales, y así será durante meses al principio de su vida. No te estreses. El PR ya no se actualiza… He decidido hacer mención del PR porque habrá muchos de los lectores que hayan oído el término, estén interesados en conocer qué es y no sean conscientes de que ya no es… prácticamente nada.

En el capítulo 7 doy más detalles sobre lo que sustituye actualmente al PageRank. De momento, para los curiosos que aún estén interesados en saber de qué se trata, continúo con la explicación. Además, que ya no se esté actualizando, no quiere decir que no puedas consultar el PR de alguna web. Te dará un dato obsoleto que puede que ya no se corresponda con la realidad, o puede que sí.

En mi caso, todavía aparece, lógicamente con PR 0, ya que Google dejó de actualizar su ranking unos pocos meses después de yo dar de alta *Coach2Coach.es* con lo cual, ahí se quedó el CERO patatero, perenne para toda la vida. Pero sé que mi *domain authority* es en la actualidad mucho más alto, menos mal. ☺

El PR venía determinado por muchos factores, entre los que destacaría

I. El número de backlinks a tu web, que a su vez venía determinado por tus esfuerzos en la labor de linkbuilding. De esto hablaremos más adelante pero si es ahora cuando quieres saber más sobre el tema, no tienes más que visitar mi post sobre linkbuilding y backlinks.

II. La estructura interna entre las páginas y entradas de tu web y blog respectivamente. Con esto me refiero, básicamente a lo hablado anteriormente. Si enlazas (de forma correcta) tus páginas y posts, Google podrá rastrear e indexar tu web más eficazmente y te calificará mejor.

Que todos tus enlaces HTML estén colocados y enlazados a la perfección no significa que automáticamente Google te vaya a calificar con un 10 de *domain* y *page authority* (los sustitutos del PR), cuidado. Pero sí serán puntos a tu favor a la hora de recopilar positivos.

A mayor *domain* y *page authority*, mejor posicionamiento, dado que Google mostrará tu web más arriba en su SERP cuando la consulta del usuario coincida con lo que la araña ha interpretado de tu web, con tus palabras clave.

6. Cómo opera Google respecto al usuario de su buscador.

La finalidad de Google es mostrar los mejores resultados posibles y crear una experiencia de usuario óptima. Google no quiere dar a sus usuarios resultados que éstos no desean, sino todo lo contrario, que los mejores resultados estén a su alcance en el mínimo tiempo posible.

Así, lo "único" que hace Google es cotejar *consulta de usuario* con *contenido* de las webs. Elige y muestra la que más relevancia, autoridad en el tema, popularidad, *domain* y *page authority* tiene respecto a la consulta. (Más info en el post *Experiencia de Usuario y Usabilidad*)

Solo para que compruebes lo anterior, haz una prueba: escribe en Google lo siguiente: *"soy cazador de gamusinos y moscardones"* y mira a ver quién sale primero.

Coach2Coach sale primero porque, respecto a esta palabra clave concreta, el resultado más aproximado que Google encuentra y muestra, es el mío. ¡A nadie más se le ha ocurrido semejante tontería! Por eso es importante saber muy bien cuáles son nuestras **palabras clave de verdad**, de esto hablo más adelante.

Respecto a lo anterior, es fácil que me encuentre en ese término porque nadie lo ha utilizado, por lo que soy la única que tiene un resultado relevante, pero imagina cuando Google tiene que escoger entre miles de webs cuya palabra clave sea *zapatillas de deporte* o *Coaching* o *posicionamiento*. Aquí la competencia es alta, por lo que Google tiene que rastrear mucho más, indexar, clasificar y asignar un *authority*.

De lo contrario, los resultados que muestra serían muy mediocres y no sería el buscador n° 1.

Bueno, pues ahora que ya sabes en líneas generales cómo actúa Google para rastrear, indexar y asignar una calificación a millones y millones de webs, estás mucho mejor preparad@ para "digerir" el posicionamiento. Pero antes, quiero explicarte qué es eso de la arquitectura y estructura web, no sin antes hacer mención del diseño web.

¿SORPRENDIDO?

Me imagino que, un poco, sí. Lo habitual es identificar diseño web con diseño visual dentro de nuestra cabeza. Sin embargo, el diseño web es mucho más que diseño visual o algo puramente estético. Al contrario, el diseño visual es la última parte del diseño web bien entendido.

El diseño web consta de cuatro áreas fundamentales sobre las que ha de desarrollarse cualquier proyecto de página web. Estas 4 áreas son la usabilidad, la estructura, la funcionalidad y, en último lugar, la apariencia o el diseño visual.

Cuando nos proponemos diseñar una web, no solamente tenemos que pensar en el contenido, las páginas y la estética. Todo eso está muy bien, pero si empezamos la casa por los cimientos, mejor.

Lo primero es la usabilidad, es decir, la facilidad con que los usuarios encontrarán lo que buscan. Google sabe el grado de usabilidad de tu web a través de datos estadísticos. Si tu web no cuenta con un buen grado de usabilidad, tu posicionamiento será mucho más complicado.

La estructura y arquitectura, lo verás a continuación. También más adelante hago referencia a la funcionalidad como una característica que describe, no sólo la mera operatividad de una web (que funcione), sino en qué grado la misma es capaz de cumplir la función última para la que fue concebida (el objetivo de su dueño) y la función que el usuario espera que cumpla para él o ella (satisfacer su demanda, ya sea de información, servicio, producto, etc).

Y finalmente, la estética o la apariencia. El diseño visual juega un papel importante, claro. Éste es clave dentro de los tres anteriores.

Vamos entonces con la arquitectura.

LA ARQUITECTURA WEB

Al contrario de lo que se piensa, las claves del posicionamiento no son:

- Ni el contenido (habrás oído que el contenido es el rey)
- Ni las palabras clave (dentro de títulos, meta-descripciones, contenido, etc., las palabras clave suelen ser el objetivo último)
- Ni el linkbuilding (aunque sin algo de linkbuilding no hay posicionamiento, eso es cierto)

Lo que acabo de afirmar no es lo más ortodoxo, lo sé. Sin embargo, tengo mis razones para hacer tal aseveración; hace un tiempo, simplemente, me pregunté: *¿cuál de todos los factores es aquél sin el cual un posicionamiento óptimo es totalmente imposible, aunque se lleve muy bien a cabo el resto?*

Así, fui descartando…

- Por muy buen **contenido** que tenga, original (no copiado), interesante, etc., si Google no me "detecta", primero y, segundo, si no indexa adecuadamente mi web, de nada me sirve escribir 500 posts buenísimos sobre Coaching, por ejemplo. De poco me sirve también el hecho de que publique frecuentemente y se compartan mis artículos en las redes sociales y en ellas se me considere una autoridad.
- Por muy bien identificadas (que generalmente no lo son) que estén mis **palabras clave**, por muy

estratégicamente colocadas tanto en los títulos de las páginas, como de los posts, como en el contenido, etc., de nada me sirve si no se lo pongo fácil a Google para que las detecte y se haga una idea bien clara de la temática de mi web.

- Por mucha cantidad de backlinks que obtenga gracias a que me lo he "currado" a tope en mi **linkbuilding**, de poco me servirá si, cuando Google llega a mi web rastreando esas otras páginas que apuntan hacia ella, le dificulto la tarea de identificar de qué va.

Así que, sucesivamente, fui descartando factores que sí, son primordiales, pero no tanto como la estructura o, mejor dicho, la **arquitectura web**. Para mí esto es la base fundamental de cualquier plan de marketing online y SEO "decente".

En el 99% de los casos que he visto (tanto de clientes como no clientes), esto es algo que se pospone o, lo que es peor, se ignora por completo y **es el error más grave que se puede cometer**. La arquitectura es el esqueleto que sostiene tu web, o como los cimientos y muros de carga de una construcción.

Si vas a construir una casa, estoy segura de que no empiezas por comprar los revestimientos o el mobiliario ni comienzas por el tejado, ¿verdad que no? Seguramente lo que haces es, primero, planificar y establecer qué tipo de casa quieres, diseñar (o hacer que te diseñen) los planos, la arquitectura, con sus cimientos, sus muros de contención… ¿cierto?

Pues con la web es... debería ser, lo mismo. Solo que normalmente tenemos mucha prisa y hacemos las cosas a trompicones y a matacaballo sin pensar en las consecuencias. Total, *"solo es una web, no hace falta hacer un máster"*. Bueno, pues las consecuencias de este tipo de actitud pueden ser muy perjudiciales.

¿Dejarías morir una planta porque sí? ¿Pondrías una mera tirita a alguien que tiene una brecha? ¿Para qué quieres músculos si no tienes esqueleto?

Veamos los posibles escenarios por los que no quieres hacer un poco de SEO.

Escenario nº 1: *"Yo no tengo tiempo ni ganas para dedicarle a la web, ya tengo bastante con gestionar mi negocio offline, como para tener que hacer lo mismo online".*

Muy habitual y muy respetable.

Te estás planteando hacer una web, pero sabes positivamente que no vas a llevar a cabo ningún tipo de acción de marketing online. No tienes tiempo, te da pereza o simplemente, no quieres dedicarle el esfuerzo que imaginas que conlleva. Da igual si la haces tú mismo o la mandas hacer. Ten en cuenta la arquitectura, sí o sí. Si no, es casi como si no tuvieras web. Un cuerpo sin esqueleto. ¿Para qué quieres músculos si no tienes esqueleto?

¿Por? Pues porque lo mínimo que debes hacer es preparar y configurar la web para que, por lo menos, **no EVITE por**

sí misma posicionarse. No es que no se posicione, sino que hará lo adecuado para hacer todo lo contrario, para perjudicar su posicionamiento ella solita, por tu "omisión de socorro", claro.

¿Crees que esto no es posible? Piensa otra vez. A mí a veces me parece que tienen vida y mente propias. Te darás cuenta (o no) de que en ocasiones, sin tú hacer nada, cambia su posicionamiento como por arte de magia, tanto para arriba como para abajo (esto tiene una explicación, pero no quiero entrar ahora en detalles). Así que no lo dudes, **una web mal configurada puede casi auto-destruirse sin que tú tomes partido en ello.**

O sea, para que nos entendamos, por lo menos déjala lista para que vaya, aunque muy lentamente, posicionándose un poco ella sola. Ya que sabes con certeza que eso del marketing online no va contigo, que no tienes tiempo de dedicarte a posicionar tu web o a hacer email marketing o labores de Community Management, **al menos no dejes morir a tu web** sin hacer nada de nada: ni una triste configuración, ni un triste enlace HTML interno con sus textos ancla, ni un triste menú diseñado con un mínimo de técnica.

Es como si tienes una planta de interior de la que no quieres cuidar activamente, pero al menos, ¡no la dejes ahí fuera en pleno invierno para que se congele! Solamente es cuestión de ponerla desde el principio en una maceta apropiada, con el tipo de tierra que le va bien, traerla al interior y regarla de vez en cuando. Tampoco es tan complicado, ¿no?

Pues con tu web es parecido. Si no quieres cuidar de ella de forma activa, haz lo mínimo para que no muera de frío.

Escenario nº 2: *"Si, bueno, quizá algún día me plantee eso del posicionamiento y el marketing online, pero ya si eso ya...".*

Elección muy respetable igualmente. Pero aun así, has de prestarle atención al fundamento clave de la web, la arquitectura, porque de lo contrario, cuando te dé por empezar a preocuparte del posicionamiento, la web estará en muy malas condiciones para ser posicionada. Sería como tratar de recuperar un tronco de Brasil que dejaste a la intemperie en invierno y está podrido por dentro, por no decir en las últimas.

Ahora que menciono el tronco de Brasil, me acuerdo que yo hice eso precisamente con uno, lo dejé en la terraza y... se lo comió mi ex perro, Atila. Bueno, espero que no se lo comiese literalmente. Mira qué cara de inocencia. Esto fue en otra de esas ocasiones en las que, por mi actitud pasiva (no guardar ciertas cosas...) luego pasaba lo que pasaba.

En fin, perrerías aparte, de nada sirve poner tiritas a una web "abandonada" a su suerte, casi muerta de inanición, para intentar posicionarla. Si está mal configurada, con contenido deficiente, o con palabras clave mal identificadas. Las tiritas no curan enfermedades ni resuelven nada. Solo evitan una mayor catástrofe.

Más adelante hablaremos de todo esto en profundidad. Lo importante es que cale en ti que la arquitectura o la estructura es la base del posicionamiento y que sin ella, es prácticamente imposible.

Aquí te aconsejo que maceres toda la información que te he dado antes de comenzar con el próximo capítulo del libro.

Espero que no pienses *"¡Pero si no me has contado nada!"*. De verdad, espero que no te sientas así, porque lo que te acabo de contar es algo que no te dirán habitualmente y a la vez algo que te hará bien interiorizar, aunque sea de forma inconsciente. No tienes que estudiártelo ni tienes que hacer un esfuerzo por dejar que macere. No tienes que hacer nada. Si has leído todo, y con atención, la información simplemente se posará.

Es lo importante. Recuerda que, ante todo… soy coach. Sé lo que me digo.

Creo que, si has leído todo este resumen sobre marketing online, estás más que preparado o preparada para adentrarte en otros conceptos y conocimientos. Vamos entonces a empezar por los más básicos e ir construyendo sobre ellos.

Espero que cuando llegues al final de este libro tengas mucho más claro lo que es necesario hacer para lograr un mejor posicionamiento en Google. Disfruta. Yo lo he hecho escribiéndolo.

ENTENDER LAS BASES

El dominio, alojamiento, URLs y enlaces de tu sitio son factores elementales en un negocio online y su posicionamiento. Sin embargo es común encontrar personas que quieren "hacerse" una web que desconocen la "realidad" de estos conceptos o los confunden.

DOMINIO, ALOJAMIENTO, URL

Incluso sabiendo que esta es una guía para principiantes, quizá a algunos os parecerá demasiado básico, pero sé por experiencia que mucha gente desconoce la diferencia entre dominio y alojamiento.

También la gente se suele liar con los conceptos de alojamiento gratuito, blog y WordPress. Sé que a mí al principio me pasó. No entendía lo que WordPress era realmente, creía que eran plantillas básicamente y por eso pensaba que yo no quería "hacer mi web" en una plantilla, porque pensaba que al ser una plantilla, tendría el mismo aspecto que muchas. Qué equivocada estaba. Cuando descubrí que WordPress.org no solo tiene miles de plantillas, sino que además son tan altamente *customizables* que pueden aparentar distintas totalmente a cualquier otro, entonces sí, me dije: *"A por ello"*.

Conocer estas cosas tan básicas es fundamental, como base, para poder proseguir hacia adelante, avanzar. Si algún lector o lectora no sabe exactamente lo que es la URL ahora, seguramente en los siguientes capítulos encontrará dificultades de comprensión o de interiorización de los conocimientos. Por tanto creo que es importante que todo el mundo tenga los conceptos básicos bien afianzados.

DEFINICIONES

Dominio: parte de una dirección de Internet que identifica un sitio web.

Alojamiento: un conjunto de servicios que, entre otras cosas, te permiten alojar los datos de tu web

URL: dirección que permite el acceso a un archivo o recurso en Internet.

Dominio: es tu dirección **visible** de internet. En realidad los dominios son la traducción "bonita" de los códigos numéricos de las direcciones IP (*Internet Protocol*).

Digamos que es como tu dirección postal, pero en el mundo virtual. El dominio es lo que va detrás de las "*www*". Es decir, en el caso del diario El País, su dominio es *elpais.com*, no *www.elpais.com*.

Los *.com, .es, .net*, etc. (denominados TLDs) solían especificar bien el tipo de web (.info=información, .org=organización, .com=comercial), bien localización (.es=España; *.co.uk*=Reino Unido; *.it*=Italia; etc.). En los años 2000 la extensión relativa al país donde querías desarrollar tu actividad era muy importante, y lo sigue siendo, si tu público objetivo está solamente en España, por ejemplo.

Que adquieras un dominio, no significa que ya tengas una web. Para tener una web, necesitas el **alojamiento** para tu web. Es decir, la casa para tu dirección. Puedes, de hecho, tener cientos de dominios pero no por ello necesariamente tendré cientos de webs. Se pueden comprar dominios sin adquirir el alojamiento correspondiente.

Por ejemplo, además de mi dominio *coach2coach.es*, también tengo otro llamado *coachmarketingyventas.es* pero ese **no tiene alojamiento**. Lo que he hecho de momento con ese otro dominio es *re-direccionarlo* a *coach2coach.es*.

Esto quiere decir que si entras en la **_URL_** http://www.coachmarketingyventas.es te llevará directamente a mi web de Coach2Coach. (Fíjate en una cosa: la URL de Coach2Coach no tiene las 3 _www_, mientras que esta otra sí. **Puedes elegir el aspecto** de tu URL, tu dirección web, con o sin las 3 _www_. Pero eso es en realidad algo sin importancia para lo que estamos tratando).

Entonces, el alojamiento (también denominado _hosting_ o _servidor_, aunque esta última, mal usada) es el servicio que, generalmente, adquieres a través de otra empresa que se dedica a vender alojamiento y dominios y que te proporciona el espacio y almacenamiento necesarios para que puedas introducir, mantener y modificar una serie de datos que conformarán tu sitio web.

¿Qué datos son esos? Pues todo el contenido en textos, imágenes, archivos, temas, gestores de contenidos, contraseñas etc. Queda claro que sin hosting, no hay web, solo un dominio.

"Bah, yo ya tengo todo esto gratis"

En efecto, tu alojamiento y dominio pueden ser gratis o de pago.

Un dominio y alojamiento gratis te los pueden facilitar, por ejemplo, Blogger o WordPress[1]. PERO, tu dominio ya no será **tu** dominio, sino de otros, y tu alojamiento tampoco.

Por ejemplo, tu dominio no será *minegocioonline.es* sino que será *minegocioonline.wordpress.com, minegocio.blogspot.es*, etc. ¿Ves la diferencia? ¿Qué impresión te causa esto?

Como mínimo, que no te importa demasiado tener un negocio online o que no es una prioridad. Queda muy poco profesional.

Y no solo esto, sino que además, no tener tu propio dominio y alojamiento tiene muchas otras desventajas y tampoco cuestan tan caros.

Un dominio propio te proporciona una mayor efectividad en cuanto al posicionamiento en buscadores, no ya por el dominio sino porque tendrás más funciones que puedes utilizar. El rendimiento y funcionalidad de tu web se multiplica exponencialmente si NO usas alojamientos gratuitos tipo *wordpress.com*, o plataformas "gratuitas" como las que ofrecen servicios de hosting como 1and1 o Wix. Y ¡OJO! WordPress tiene una opción de alojamiento de pago pero no lo recomiendo. En mi blog hablo de todo esto constantemente, aunque hay varios posts en los que demuestro por qué WordPress es el mejor CMS que existe, las diferencias entre WordPress.com y WordPress.com, o

---

[1] *Desconfía si un webmaster o quien te haga la web, te ofrece alojamiento y dominio gratuitos. No es que te puedan engañar, sino que suele generar problemas si quieres cambiar el hosting.*

Qué es WordPress y para qué sirve, por si quieres profundizar. Lo importante es que elijas la plataforma en la que quieres diseñar tu web, conociendo las ventajas y desventajas de todas ellas.

Si empresas de la talla de Vogue, Renault o Sony Music, por mencionar solamente tres, usan WordPress, será por algo, ¿verdad?

Antes he pasado de puntillas por la URL.

Las URLs son lo que identifica cada una de las páginas y posts dentro de una web, y que siempre comienzan por *http://*... Es decir, mi dominio, más todo lo que vaya detrás. Igualmente, mi dirección "principal", lo que llamamos *home*, o *inicio*, también es una URL.

Por ejemplo, en el caso anterior de El País, una de sus URLs es *http://elpais.com* igual que lo es:

http://economia.elpais.com/economia/2014/05/15/actualid ad/1400167309_668898.html,

mientras que el dominio sigue siendo el mismo, la URL de este artículo en particular, es todo lo que le sigue. Si le quitases uno solo de los caracteres, no te llevaría a ningún sitio.

Además, fíjate que entre *http://* y *elpais*, hay otra palabra, *economía*. Esto es un **subdominio**. Pero no vamos a entrar en detalles. En definitiva, las URLs de un sitio sirven para estructurar la información, para que ésta sea accesible. Por eso, tener claro el concepto y su importancia, será crítico más adelante, cuando hablemos de la estructura web. Puedes saber más sobre URLs, dominios y alojamiento en Wikipedia, en cientos de sitios de la web, o en mi post *Dominio y Alojamiento: la diferencia*.

WEB, BLOG, CMS

"Pero es que yo quiero una web, ¡no un blog!"

DEFINICIONES

Web: es un documento formado por texto, imágenes, archivos, al que se accede a través de un navegador. El documento y su contenido suelen ser estáticos.

Blog: es una web dinámica en la que se van añadiendo contenidos de forma cronológica.

CMS: sistema de creación y gestión de contenidos que crear una estructura de soporte de forma sencilla.

Existen dos *"formas"*, por llamarlo de forma sencilla, de creación de webs hoy día. El tipo de web creada de forma personalizada por profesionales del desarrollo web, y el tipo blog.

Este último se denomina *tecnología CMS (Content Management System,* Sistema de Gestión de Contenidos). No voy a entrar en detalles sobre las **desventajas de una web desarrollada de forma personalizada**, pero sí creo importante mencionar una de ellas, que creo muy importante: hay empresas de desarrollo que permiten el acceso al cliente para cambiar contenidos, por ejemplo, pero no al código fuente, obligándole así a contratar con ellos también el alojamiento de su propia web. Otras entregan el código compilado para que pueda ser instalado en otro servidor, pero no puede ser modificado en el futuro (¡a no ser que tú sepas cómo hacerlo!). Es decir, si necesitas hacer cambios, optimizar el sitio para posicionamiento natural, añadir o quitar contenidos o funcionalidades, tendrás que recurrir de nuevo al diseñador original o a otro que conozca el código en que se ha diseñado la web. Luego está el tema de derechos de autor, el coste, etc. ¿Te quedan ganas de contratar un diseñador de webs personalizadas?

Los CMS surgieron, en efecto, como gestores de contenido sencillo, el blog. Tampoco voy a entrar en detalle en la historia del blog. Hoy día todo CMS que se precie tiene la posibilidad de adquirir la apariencia de una web. Es decir, ahora mismo, el ojo lego no sabe distinguir uno del otro (a excepción de Blogger, que ¡salta a la vista!).

El gestor de contenidos es fácilmente manejable por personas inexpertas, hasta cierto punto. Punto que se sitúa en el lugar que el usuario desee. Los CMS más usados son WordPress, el rey, Blogger/Blogspot, Joomla y Drupal. Surgiendo está ahora un CMS nuevo llamado Jimdo, alemán. Llegará lejos, seguro, pero no tanto como WordPress.

Además de ser muy manejable y fácil de usar, de poder elegir entre miles de plantillas "*customizables*" o adaptables totalmente a las necesidades y gustos del usuario, el CMS tiene otra ventaja importantísima respecto a una web desarrollo, y es que el CMS viene ya de serie más optimizado para posicionamiento orgánico. Algunos más que otros, también es verdad. Recomiendo, como siempre WordPress sobre cualquier otro. Su trayectoria ha sido brillante y lo sigue siendo, y es el CMS que mejores funcionalidades y rendimiento ofrece.

En cuanto a Jimdo, hace unas semanas me reuní con su directora comercial y su jefa de proyectos, ambas basadas en Alemania. (La reunión fue aquí en Madrid). Me sugirieron utilizar Jimdo y recomendarlo a mis clientes y a través de mi web. La verdad es que este CMS es muy fácil de usar, mucho más que WordPress, y además la construcción paso a paso de las páginas es muy visual, por lo que resulta muy acorde con lo que tengas en mente. Sin embargo no puedo más que mencionar estas características porque no he llegado a usarlo en profundidad. Pero si tú quieres probarlo, no tienes más que registrarte con una cuenta gratuita, con dominio de Jimdo. Si quieres una cuenta profesional, ellos mismos te proporcionan el dominio y el alojamiento, a diferencia del resto de CMSs.

Personalmente, no utilizaría un CMS del cual no tengo apenas referencias. Que prueben otros y ya si eso ya... Para mí, las cifras son lo que cuenta. Y la cuenta es que WordPress tiene un 60% del *market share* en CMSs y un 25% del total de las webs.

ENLACES, ENLACES INTERNOS Y ENLACES ENTRANTES

No me voy a extender mucho aquí porque el "meollo" de los enlaces lo veremos más adelante, cuando hablemos tanto del posicionamiento orgánico como de la estructura web.

DEFINICIONES

Hipervínculo, enlace, vínculo: dirección URL que direcciona a otro lugar con dirección URL.

Backlink, enlace entrante: es un enlace desde una página externa hacia cualquier parte de tu web.

Casi todos sabemos lo que son los enlaces en el lenguaje online. En realidad el término adecuado sería ***hipervínculos o hiperenlaces***, y son vínculos que aparecen en documentos, archivos o páginas web haciendo referencia a otra cosa y llevándote a ella directamente, sin tener que escribir toda la dirección URL en tu navegador. Obviamente, los enlaces no solamente aparecen online: en documentos de Word, en pdfs, en emails, etc., puedes insertar hipervínculos también.

Los **enlaces internos** son hipervínculos que apuntan a direcciones URL dentro de la misma web en la que te encuentras.

Por ejemplo, si estoy leyendo una entrada de un blog, es casi seguro que dentro del contenido encuentre que el autor me sugiere algunos posts relacionados, o algún lugar donde ir dentro de su página.

BLOG A – pág 1   *link interno* → BLOG A – pág 2

Esto mantiene al usuario dentro de la web, lo cual es beneficioso para su posicionamiento. También es posible que haga referencia a alguna fuente externa relacionada con su artículo. Esto es un enlace saliente, desde el punto de vista del 1°, pero será un enlace entrante o *backlink* para quien lo recibe.

Los ***backlinks*** o **enlaces entrantes** son hipervínculos que apuntan a cualquier lugar de mi web y provienen de otra distinta. Siguiendo con el ejemplo anterior, si el BLOG A enlaza con mi blog, BLOG B, ese enlace saliente para A es un enlace entrante para mí, B.

BLOG A *link saliente hacia* → *link entrante en* BLOG B

Debemos intentar que nuestro contenido sea tan atractivo y valorado, que mucha gente ponga, de forma natural, referencias a nosotros en sus páginas, montones de backlinks.

> Tener esto muy en cuenta es uno de los factores más importantes del SEO

POSICIONAMIENTO NATURAL

Siempre lo digo, ¿de qué me sirve tener una web si mi negocio online es invisible? Es como ser el capitán de un barco fantasma.

Cuando hablamos de *posición* nos referimos a la que ocupa nuestra web en los resultados que lanzan los motores de búsqueda cuando un usuario escribe su consulta.

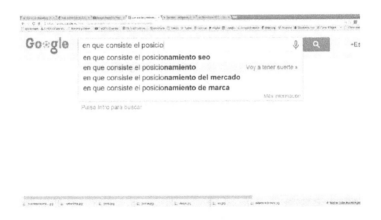

Obviamente, estos resultados, en relación a nuestra web, han de tener algo que ver con la consulta. Es decir, si yo tengo una web que vende *coches* de segunda mano, me da igual no aparecer el primero si alguien busca *camiones*. Esto tiene que ver con nuestras palabras clave.

La definición siguiente es demasiado simple, pero de momento diré que los términos de búsqueda en los que nos gustaría posicionarnos para estar lo más arriba posible son las **palabras clave**. De ellas hablaremos más adelante. Lo importante aquí es ser consciente de que, en la definición de posicionamiento anterior, hay que resaltar **este matiz sumamente importante:** nos referimos a la

...posición que ocupa nuestra web en los resultados que lanzan los motores de búsqueda en relación con nuestras palabras clave.

Existen dos tipos de posicionamiento: el natural y el de pago. El primero también se denomina *orgánico* y SEO (*Search Engine Optimization*, Optimización para los Motores de Búsqueda). Al de pago se le llama SEM (*Search Engine Marketing*) y se trata de obtener tráfico a través de anuncios, que pueden ser de Google, Facebook, Banners, etc.

DEFINICIONES

SEO, pto natural: se refiere a las acciones que se realizan para obtener una mejor posición en los resultados de los buscadores y que no son de pago.

On-Page: las acciones que realizamos dentro de la página a optimizar.

Off-Page: las que afectan a nuestro SEO pero desde fuera de nuestra página.

Por regla general, cuando yo hablo de posicionamiento, me refiero al posicionamiento orgánico, natural o SEO.

El **posicionamiento orgánico** se refiere a las técnicas que se utilizan para que una web o blog o anuncio etc., tenga una posición mejorada en los motores de búsqueda (Google, Bing, etc.), que no tendría sin esas técnicas o acciones. Dado que el principal motor de búsqueda es Google, **hay que _aspirar_ al posicionamiento orgánico** en Google, **así como al tráfico de referencia**.

Aquí merece la pena hacer un inciso para mencionar también el concepto de **tráfico**. Cuando hablamos del número de visitas que acuden a cualquier sitio de nuestra web, nos referimos al tráfico.

En dependencia del origen del mismo, hablaremos de tráfico orgánico (natural, generado por los motores de búsqueda), tráfico de referencia (procedente de otras webs), tráfico directo (cuando alguien escribe directamente nuestro dominio o nuestra URL en el navegador), social, etc…

El posicionamiento es entonces el conjunto de acciones que realizamos para obtener mejores resultados orgánicos en esa escala, en definitiva, para mejorar nuestra visibilidad.

Nuestro objetivo es obtener cada vez más tráfico, y que la mayor parte de él sea orgánico y de referencia, es decir, que provenga de los buscadores y de otras webs con una alta autoridad (*authority*); y además que ese tráfico orgánico se origine por las palabras clave que hayamos planificado.

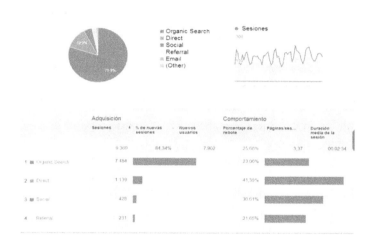

Si dependemos de los otros generadores de tráfico, en el momento en que dejemos de mantener esa actividad (SEM, social, email marketing, etc.) nuestro tráfico caerá en picado.

Sigamos con el posicionamiento.

El posicionamiento orgánico se basa en una serie de algoritmos que Google diseña para priorizar los resultados que ofrece a los usuarios, que a su vez se basan en los términos de búsqueda que introducen en el cajetín del motor, por ejemplo: *"cómo configurar una imagen con Photoshop"* o *"gasolineras cerca de Paracuellos"*.

> Siempre lo digo, ¿de qué me sirve tener una web si mi negocio online es invisible? Es como ser el capitán de un barco fantasma

Esos términos de búsqueda son las palabras clave. Las palabras clave entonces son un elemento de suma importancia para nuestra web, porque **en dependencia de nuestro posicionamiento orgánico en ciertas palabras clave obtendremos más o menos visitas**. Por esto hay que analizar muy bien los términos que utilizamos, cómo y dónde.

Lo anterior no quiere decir que las palabras clave sean el único factor elemental de tu posicionamiento orgánico ni mucho menos.

Como quizá ya sepas, Google hace actualizaciones de su algoritmo regularmente. Hace años "se fijaban" en unos **pocos factores** que tenían **muchísima relevancia,** pero cada vez van añadiendo **más factores** y **restándoles relevancia**, de modo que ya no es posible posicionar una web mejor por el simple hecho de usar las palabras clave adecuadas y de forma estratégica.

Ahora es más bien **la conjunción de muchos factores la que genera mejor posicionamiento orgánico**, vamos, que lo ha complicado todo muchísimo. (Es decir, donde antes Google asignaba, es un estimado, un 50% de importancia a las palabras clave, un 25% a los *backlinks*, y un 25% al contenido, por decir algo, pues ahora son muchos más factores los que juegan un papel, pero su ratio de importancia es mucho menor).

Claro que es crítico para el posicionamiento orgánico identificar muy bien tus palabras clave.

Todavía me acuerdo cuando mi cuñado me dijo que él siempre estaba el primero y no había hecho nunca nada. Yo le contesté, pero ¿qué pones en Google? y me dice su nombre y apellido y el nombre y apellido de su socio. (Ejemplo: Pepe Pérez y Jose Sánchez asociados). **A ver, es que si no sales así el primero, ¡muy pero que muy mal lo has tenido que hacer!**

Y es que esto abunda, mucha gente me dice (esto es un ejemplo inventado):

"Ah! ¡Yo salgo la primera si pongo mi palabra clave! ¡Qué bien!".

"Ah, ¡genial! ¡Qué guay, Menganita!", contesto. *"¿Cuál es tu palabra clave?"*.

"¡Coaching de los sentidos para sentir!"

"Ah... nnña".

Aquí dejo un espacio de silencio. Se da cuenta de que quiero que hable ella y entonces:

"¿Por qué? ¿Qué pasa? ¿Está mal?"

"¡No! ¡No está mal! Pero mira, ¿cuántos posibles clientes ahí fuera que te estén buscando, crees que pondrán en Google 'Coaching de los sentidos para sentir'? ¿Saben que existe ese tipo de Coaching? ¿Saben de la existencia siquiera del

Coaching en general? ¿Crees que es eso lo que tus clientes ponen al buscar lo que tu ofreces?"

"Hmmm... no", contesta algo confundida y apenada.

"¡Pero no te apenes, mujer! ¿Qué crees que pondrán, qué crees que necesitan ellos y que tú les puedes ofrecer? ESA es una de tus palabras clave"

Y este mismo "ejercicio" hay que hacerlo varias veces, para identificar varias palabras clave y así ir, poquito a poco, optimizando tu posicionamiento orgánico.

Otra forma de tipificar el SEO es en dependencia del lugar en que se aplican las técnicas. Así, el posicionamiento se dividiría en SEO on-page y SEO off-page. De esto hablaré en el último capítulo, pero si quieres ir abriendo boca, en el artículo *SEO on-page y SEO off-page* explico la diferencia entre estas dos líneas de actuación. Básicamente, las acciones que realizamos cara al posicionamiento dentro de nuestra web son parte de nuestra estrategia de SEO on-page y las que realizamos fuera de ella, como el linkbuilding, son parte del SEO off-page.

"Todo lo anterior está muy bien, pero ¿cómo se relaciona con el marketing online?"

Nuestro objetivo es conseguir cada vez más tráfico DE CALIDAD

Lo vemos en el siguiente apartado.

MARKETING ONLINE Y SOCIAL MEDIA

El marketing online es un concepto amplísimo, que puede contener decenas de herramientas, acciones y... planificación. Se denomina también marketing digital, e-marketing y, los puristas de la lengua castellana, lo llaman *mercadotecnia en internet*. Existen falsas ideas acerca del marketing online:

- es hacerse conocido en las redes sociales
- es crear marca personal a través de las redes sociales
- se trata de realizar una serie de acciones como enviar emails a una lista de suscriptores y publicar entradas en un blog para compartirlas en las redes sociales
- es posicionamiento

En definitiva, si bien es cierto que el marketing online está íntimamente ligado a todo lo anterior, también es un error descomunal pensar que con eso es suficiente.

El marketing online es mucho más sencillo, y a la vez más complicado, que todo eso:

El marketing online es la aplicación de las técnicas de marketing tradicional a internet, aunque, obviamente, se desarrollan también técnicas propias del mundo online.

DEFINICIONES

Marketing Online: aplicación de las técnicas tradicionales de marketing al mundo online, más algunas.

Social Media: es lo mismo que las redes sociales. Las RRSS juegan un papel esencial en toda estrategia de marketing online porque inciden en la relevancia y popularidad de la web, que a su vez incide en el SEO.

Es decir, las fases de un proyecto de marketing online son - deberían ser - las mismas que las de un proyecto de marketing offline, solo que adaptadas a este medio. Esas etapas incluyen definición del proyecto (plan de marketing), creación de la web, adquisición de tráfico, retención de tráfico, fidelización, generación de ingresos. Todo ello con el adecuado análisis y evaluación de los resultados, constante.

"Es un grave error gastar mucho dinero o tiempo diseñando de entrada un sitio sofisticado sin tener claros los resultados que queremos".

En casi el 100% de los casos reales que voy atendiendo, el error parte de aquí, y es un error de base. Sin unas **ideas claras sobre lo que queremos obtener como resultado,**

no vamos a ninguna parte, y esto es fundamental en cualquier ámbito de la vida.

Respecto al *social media*, qué duda cabe, las redes sociales y las acciones que realizamos a través de ellas son fundamentales, sobre todo a la hora de iniciar nuestro negocio online. La primera difusión de nuestra web seguramente irá de la mano de las redes sociales, a no ser que tengamos establecido de antemano un negocio tal que sepamos que vamos a tener miles de visitas desde el primer día. Pero esto solamente les pasa a grandes empresas como puedan ser cadenas hoteleras, supermercados etc. Por ejemplo, *Media-Markt*, yo no soy tonto, no tuvo web ¡¡hasta agosto de 2012!! No creo que necesitasen de las redes sociales para promocionarla, aunque tampoco entiendo cómo no la lanzaron años antes, pese a que según ellos, no son tontos.

Hasta aquí has aprendido el verdadero significado de un montón de conceptos: dominio, alojamiento, URL, las diferencias entre web y blog, entre marketing online y posicionamiento...

Vamos a entrar ahora en un tema muy importante: cómo operan los buscadores, más concretamente Google, que es el que tiene un algoritmo más complicado y además (o más bien, por eso) es el motor de búsqueda número 1 en el mundo.

Si ignoras cómo funciona el buscador, te será mucho más difícil utilizar las técnicas más adecuadas. Si no supieras que un horno da calor, seguramente no lo usarías para cocinar, ¿verdad? Y cuanto mejor sabes utilizar el horno, más variedad de platos y mejor te saldrán.

CÓMO OPERAN LOS BUSCADORES

Los motores de búsqueda tienen dos funciones primordiales: la de rastrear las webs para construir un índice; y la de proporcionar resultados a los usuarios[2].

A continuación explico las dos funciones.

1. RASTREAR E INDEXAR

Imagina el mapa de Metro de cualquier ciudad. Madrid, Londres, París, Nueva York... Bueno, no te lo imagines. Ya te lo pongo yo en la siguiente página.

---

[2] *Al final del capítulo encontrarás un mapa de proceso que he realizado para que veas lo simple que es.*

La *WWW* está compuesta de miles de millones de conexiones entre puntos.

Entonces, en lugar de imaginar el mapa, imagina que la *World Wide Web*, la red de redes, es este mapa de metro de Madrid. Imagina la *WWW* como una red de paradas y que cada parada es una web, que los motores de búsqueda han de encontrar, montándose en el metro, para descubrir cuál es la mejor combinación, el mejor trayecto: los enlaces. En este mapa hay 11 líneas de metro. Imagina que cada línea es una sola web, cuyas páginas son las paradas.

La estructura de enlaces de la web sirve para mantener todas las páginas aglutinadas y "encontrables".

Si no fuese por los enlaces de todo tipo (hipervínculos), para los robots de los motores de búsqueda sería imposible mantener una relación entre los billones y billones de páginas web y esto haría imposible la tarea de facilitar resultados de calidad a los usuarios que utilizan los buscadores.

¿Has ido alguna vez al metro y había un aviso de que la línea estaba cortada en tal parada? Eso es un enlace roto. Cuando hay un error en uno de tus enlaces, por ejemplo. Aquí se pararía el robot (o araña), no podría seguir. No puede bajarse y coger otra combinación.

Igualmente, cuando no hay enlace entre una página y otra, sería como si en el metro no existiese esa parada que te conecta con la siguiente. El robot también se pararía en ese punto. Para él ya no hay nada más allá.

Cuando los robots de los buscadores encuentran las páginas (normalmente tu página de *Inicio* la primera) descifran su código y almacenan una "selección" de partes de información en unos discos duros gigantescos para poder recuperarlas a medida que se necesiten cuando un usuario hace una consulta. Esto es la indexación.

Después los documentos se categorizan, pero eso es harina de otro costal. Para conseguir esta tarea monumental de dar cabida a billones de páginas para que se pueda acceder a ellas en una fracción de segundo, los principales motores de búsqueda han tenido que establecer centros de almacenamiento de datos por todo el mundo con maquinaria capaz de lanzar resultados lo más rápidamente posible, es decir, albergan infraestructuras y cantidades de información de proporciones bíblicas. Ya sabes que el post *Indexar en Google* explica más ampliamente cómo, aunque más adelante hay una sección completa dedicada a ello. Vamos a ver cuál es la segunda función de Google o de cualquiera de los motores de búsqueda como Bing o Yahoo.

2. PROPORCIONAR RESULTADOS A LAS BÚSQUEDAS DE LOS USUARIOS

Esta es la 2ª función de Google. Los motores de búsqueda son contestadores automáticos. No en el mismo sentido que los que conocemos, claro. En realidad lo que hacen es contestar preguntas cuando alguien busca algo en internet, lo cual requiere que el buscador "peine" todos esos billones de documentos almacenados e indexados para hacer después dos cosas:

✓ *1º, devolver solamente los resultados que considera más **relevantes**, útiles para la consulta del usuario, y*

✓ *2º, ordenar, clasificar por orden de **importancia** esos resultados (rank) relevantes.*

Para un motor de búsqueda, la relevancia no es solamente encontrar la página que contiene las palabras "adecuadas". Eso era antes, cuando el algoritmo de Google no era ni una décima parte de lo sofisticado que es hoy día. Hoy la relevancia se ve influida por CIENTOS de factores, algunos de los cuales te explicaré más adelante.

Resultados de búsqueda palabra clave: ***Libros***

Nº 1: Casa del Libro

Nº 2: El Corte Inglés

¿Cómo determinan la importancia los motores de búsqueda?

Ahora mismo los buscadores interpretan la importancia teniendo en cuenta la popularidad de la página, puesto que en su análisis "piensan" que, si es muy popular, debe de ser porque tiene alguna información valiosa o que gusta al público. De ahí la creciente importancia del linkbuilding y los backlinks.

Los dos factores que el motor de búsqueda tiene en cuenta a la hora de escoger y mostrar resultados a una consulta son la relevancia y la importancia (popularidad).

Robot: es un programa informático que atraviesa una estructura de hipertexto (html normalmente) registrando los enlaces dentro de él. También se les llama *arañas*.

Relevancia e importancia: Google utiliza el *Domain y Page Authority* para asignar de forma numérica la relevancia de una web indexada en relación con x términos de búsqueda.

Tanto la relevancia como la importancia se basan en algoritmos, es decir, un conjunto de reglas o instrucciones matemáticas definidas previamente y que van guiando a través de caminos de variables. Los cientos de componentes y variables en estos algoritmos, componen lo que llamamos *"Factores de Ranking"*, es decir, los factores que determinan relevancia e importancia de una página. Estos factores son el *Domain Authority* y *Page Authority*. Mira, si no sabes exactamente lo que es un algoritmo, en general, en la siguiente página tienes una representación de un algoritmo que me he inventado:

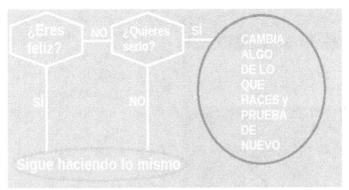

¿Y cómo hago yo que mi página sea relevante e importante?

LO QUE RECOMIENDAN LOS PROPIOS BUSCADORES PARA QUE TU WEB 'RANKEE' MEJOR

Estos son algunos de los consejos que dan los propios webmasters de Google y otros importantes buscadores para que tu web sea, desde el principio, más relevante:

- *Escribe los textos, tanto en tus páginas como en tu blog, con tus usuarios en mente, no con los buscadores en mente (pero teniendo en cuenta cómo "piensan").*
- *Construye una web con una estructura clara, navegable, usable y con enlaces de texto entre páginas, pero no de forma dispersa o aleatoria, que tenga sentido.*
- *El contenido de tus páginas debe definir de forma clara "de qué va" tu web. Crea una web llena de información útil para tus lectores.*

- *Utiliza palabras clave, pero no abuses.*
- *Genera contenido nuevo regular y frecuentemente.*
- *Recuerda que una página no enlazada es una página no indexada.*
- *Y a todo lo anterior quiero añadir que no olvides algo de suma importancia: el linkbuilding y los backlinks, sobre los que aprenderás más adelante.*

Y Recuerda:

El PageRank es la combinación de la relevancia + la popularidad de tu página web

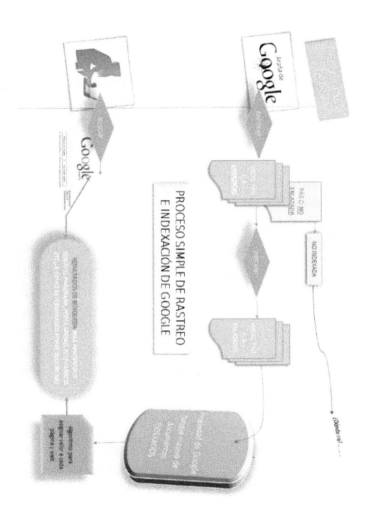

PROCESO SIMPLE DE RASTREO
E INDEXACIÓN DE GOOGLE

CÓMO OPERA EL USUARIO

Uno de los factores más importantes para construir un negocio online basado en el posicionamiento es crear contenido demuestre que te importan realmente tus usuarios, lectores, o clientes potenciales y que les aportes información valiosa.

AVERIGUA LO QUE BUSCA TU USUARIO POTENCIAL

Se dio la vuelta la tortilla. El mensaje ya no es tanto "entra aquí, mira lo que tengo, lo necesitas", sino "¿qué necesitas que yo te puedo ofrecer?".

Antes incluso de plantearte la estructura de tu web, las palabras clave, o lo que te gustaría explicar sobre tu negocio online, debes hacer una serie de averiguaciones y reflexiones.

Ok, tú tienes un producto o un servicio que ofrecer, y seguramente tu cliente se puede "definir". Cuanto más y mejor lo definas, mejor podrás satisfacer sus deseos, carencias y necesidades. Una vez definido, identifica qué quiere, qué necesita y de qué carece **que tú puedas ofrecerle**. Así podrás saber cómo piensa y lo que teclea en Google al buscar eso que tú tienes. Esta definición estratégica se denomina nicho de mercado.

Veamos un ejemplo en el mundo online.

Imagina que yo soy una gestoría con un negocio online.

Por lo general, si no tengo muchos conocimientos de marketing online y SEO, transmitiría en mi web, blog, posts, etc., la palabra clave *"gestoría online"*. Posiblemente, incluso terminaría "quemando" la palabra, y mi tráfico no aumentaría.

DEFINICIONES

Nicho de mercado: grupo de personas o empresas que tienen algunas necesidades comunes no cubiertas.

Resultados: un conjunto de resultados que ofrece el buscador al formular el usuario su consulta.

No me doy cuenta de que, entre tantos trámites que resuelvo, se encuentra, por ejemplo, el de dar de alta a personas físicas como autónomos, y además es mi especialidad. ¿Tal vez ese será mi nicho de mercado, o al menos un nicho de mercado que debería explorar online?

Sería bueno que me pusiese en el lugar de mi cliente potencial, identificando qué posibles consultas realizará en Google, cómo piensa, que problemas tiene, qué deseos, etc. Así puedo llegar a la conclusión de que mi cliente potencial puede ser alguien que todavía no se ha dado de alta como autónomo y está pensando en ello.

De modo que, en mi blog, o al menos en el contenido de mi web, escribiré algo en referencia a lo que creo que él o ella escribirán al hacer su búsqueda. Por ejemplo: *"Cómo darme de alta como autónomo"*.

Por tanto, hemos de hacernos una serie de preguntas y, ayudados por la herramienta de palabras clave de Google Adwords, intentar discernir las preguntas que el usuario se hace y nosotros podemos contestar.

Por ejemplo: ¿Creo que posiblemente haya gente que se haga esta pregunta? Sí. ¿Creo que yo puedo resolverles su consulta o problema? Sí. ¿Cómo voy a hacerlo? Escribiendo contenido que dé respuesta a sus preguntas de forma satisfactoria.

Este es el proceso típico de una búsqueda en Internet:

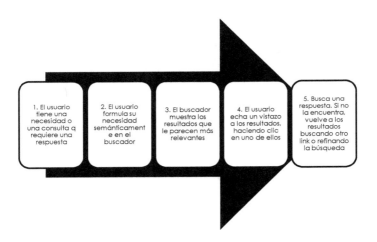

¿Por qué tengo que aparecer en los primeros puestos de Google? Porque el usuario y Google son los que mandan.

OBSERVA ESTAS ESTADÍSTICAS

Ten en cuenta que los motores de búsqueda no piensan en dar servicio a las websites. Sus clientes son los usuarios que realizan consultas, no las webs que forman la www. Por ello, lo que quieren Google, Yahoo, Bing, etc., es proporcionar los resultados más relevantes para las consultas o preguntas de sus clientes (que, al fin y al cabo, es lo que les da dinero).

Las siguientes estadísticas representan la importancia (y la diferencia) de estar posicionado en distintos puestos de Google, en referencia al ratio de clics obtenidos.

Pero ojo, **estar en el puesto número 1** para todas tus palabras clave **no significa que vayas a tener más ventas**. Eso ya es cosa tuya. Google te los trae a tu puerta pero no puede influir en tus técnicas de venta.

> Estar muy bien posicionado en los motores de búsqueda no te garantiza que tengas más ventas, solo más tráfico.

Bien, pues vamos allá con las estadísticas:

- El 76% de encuestados utilizan los motores de búsqueda para encontrar información sobre negocios locales
- Google envía el 90,62% de la información
- De todos los que hacen clic en la página de resultados de Google (SERP), el resultado que aparece en la posición número 1 recibe el 18% de esos clics, la segunda posición recibe el 10%, la tercera el 7% y la cuarta el 4.8%. El resto recibe menos del 2%.

- Hay estadísticas que aseguran que los 3 primeros resultados generan el 58% de los clics
- Los sitios en la primera página de resultados consiguen 91.5% del tráfico de búsqueda

¿Todo lo anterior quiere decir que para poder decir que mi web está más o menos posicionada, tengo que salir en la primera página de resultados de Google?

SI

Toda la información anterior, además de otros estudios a los que no hago mención, nos llevan a la conclusión de que las búsquedas en Google son cada vez más populares, para cualquier tema. Voy a contarte una anécdota: Un día fui a buscar dónde se encontraba el Alto Karabaj. Puse en Google "*donde está...*" y la función de autocompletar del buscador me puso, en primer lugar...

Me quedé **ojiplática**.

En definitiva, queda patente que el usuario cada vez recurre más a la búsqueda online y menos a las páginas amarillas. Es más cómodo y desde luego, más rápido. Google lanza sus resultados en milésimas de segundo. **Pero ojo, que lo anterior no te confunda. Que el auto-relleno de Google te muestre esos resultados no quiere decir que esos sean los que habitualmente la gente busca.**

En este capítulo has sido consciente de la importancia que tienen los usuarios a la hora de posicionar tu web.

Has comprendido cómo operan y cómo influyen en el principal buscador del mundo, Google.

En el siguiente capítulo vamos a los cimientos de tu web y su creación para su posterior posicionamiento. Si tu web ya "está hecha", no te preocupes, siempre se puede corregir y mejorar para optimizar su funcionalidad y su posicionamiento.

EMPEZAR CON FUNDAMENTO

Si eres de los que piensan que escribir unos cuantos posts y publicarlos en redes sociales es suficiente para tu posicionamiento, desde ahora te digo que vas por mal camino. Empieza la casa por los cimientos.

APROVECHA EL POTENCIAL QUE TIENE TU WEB

Puedes crear una web y predicar en el desierto o puedes crear una web y ponerla en la Gran Vía. Es cosa tuya.

No hace mucho comentaba, en un blog amigo, acerca de los muchos que se hacen o les hacen una web y creen, erróneamente, que con eso y un blog, basta. Que después publicamos algún que otro artículo, lo difundimos en las redes sociales y en breve nuestra web será archiconocida. Nada más lejos de la realidad.

Si haces esto, tu web te servirá únicamente como una especie de "tarjeta de visita virtual". En el comentario que hice en aquel blog le comentaba a mi interlocutor que esto es lo mismo que poner una tienda en la cueva de Ali-Babá. ¿Quién te va a encontrar? Quizá solamente quieres una web por tenerla, en cuyo caso, me callo. Pero dudo mucho que así sea si estás leyendo este manual, ¿cierto? Entonces, si tienes una web pero no te encuentra nadie, ¿de qué te sirve? De bien poco.

En este capítulo vas a aprender las claves para crear (o modificar) una web "con fundamento". Para mí, el primer factor o el primer consejo que te daría sería: **OLVÍDATE DEL DISEÑO VISUAL, DE LA APARIENCIA**… hasta que hayas "niquelado" el resto de factores. Este es el error número 1 de casi todo aquel que empieza a pensar en "hacerse una web".

FACTOR 1: PLANIFICACIÓN

Las prisas nunca fueron buenas. Identifica lo que quieres transmitir a través de tu web.

Tómate tu tiempo en identificar lo que quieres que tu web transmita sobre lo que haces. Esto puede incluir desde productos hasta confianza, pasando por tus valores o tu misión como empresa. Recordarás que en el capítulo 1 te decía que…

"…es un grave error gastar mucho dinero o tiempo diseñando de entrada un sitio sofisticado sin tener claros los resultados que queremos".

Casi todos los días observo que el error principal de prácticamente todos mis clientes está relacionado con la planificación de la web a causa del desconocimiento. En casi el 100% de los casos reales que voy atendiendo, el error parte de aquí, y es un error de base, muy comprensible, por otro lado. Y cuando digo de base, quiero decir, de estructura, de la que hablaremos más adelante. Lo primero en la estructura web es planificar.

Pese a que crear una web se ha popularizado hasta el punto de que prácticamente cualquiera que tenga un conocimiento mínimo de cómo usar un ordenador puede conseguirlo, esto ha originado, claramente, una percepción falsa en la gente, y si no falsa, sí equivocada.

Vuelvo a repetir, una web, como base de un negocio online, es mucho más que subir un logo y añadir cuatro páginas y un blog.

Si lo que quieres es que tu web aparezca en las primeras posiciones de Google, es porque, por algún motivo, te interesa:

DEFINICIONES

Palabras clave: conjunto de términos de búsqueda por los que es más probable que te **busquen** tus clientes o usuarios potenciales.

Estructura: defino estructura web en general como la forma interna, el esqueleto de una web. Ésta se compone de muy diversos elementos, desde los enlaces internos, a la jerarquía de las páginas.

- *Conseguir clientes*
- *Conseguir seguidores, lectores, usuarios, registros*
- *Conseguir crear, mejorar o fortalecer tu marca personal*
- *Tu motivo personal X*

Lo que ha de quedar claro es que, sea el motivo que sea, si quieres posicionarte, tienes que hacer tu web **bien** desde el principio y para hacerla bien desde el principio necesitas planificar y tener las **ideas claras sobre lo que quieres obtener como resultado.**

¿Qué riesgos corro si no le doy importancia a esto? Es que me corre prisa.	**TODOS**

Si tu planificación falla en lo esencial, es decir, si nombras mal tus páginas, si no configuras adecuadamente la web de cara al SEO, si eliges las palabras clave que CREES que son las apropiadas (cuando en el 90% de los casos, no lo son), si tu contenido no es comprensible para Google como ocurre, pese a las apariencias, en la mayoría de los casos,… (esto, por nombrar solamente 4 de errores más comunes en la creación de una web), entonces tienes todas las papeletas para que Google no te tome en consideración por los siglos de los siglos. Tu web no levantará cabeza nunca.

¿Cómo planifico?

Responde, como mínimo, las siguientes preguntas:

- ¿Quiénes son mis clientes / lectores / audiencia? (no vale decir: *"cualquiera, todo el mundo puede necesitar mis servicios".* Acota lo más posible tu nicho de mercado, de lo contrario apuntarás a todas partes y no darás en ninguna).
- ¿Qué quieren y qué necesitan? ¿Se lo puedo ofrecer yo? Y ¿por qué razón les importa lo que yo les voy a decir? Y ¿por qué razón me escogerían a mí y no a otro? ¿Cómo van a interactuar mis clientes o lectores con la web?
- ¿Dónde quiero estar, qué quiero conseguir yo con mi web? ¿Cuál es SU objetivo?
- ¿Cómo lo voy a lograr?

En efecto, preguntas complicadas exigen respuestas reflexionadas. Nadie dijo que fuera fácil.

FACTOR 2: PALABRAS CLAVE

Si tus títulos, páginas, contenido, URLs y meta-tags no contienen tus palabras clave, será muy difícil que te posiciones en ESAS palabras clave.

Como indico en la definición, **TUS** palabras clave, son los términos de búsqueda que el usuario, y <u>no tú</u>, utiliza al buscar o consultar algo en Google... y encontrarte a ti. Lo que el usuario desea es una respuesta a su pregunta o una solución a su problema. Por lo tanto tienes que pensar como él o ella piensan y formulan sus consultas, no como te gustaría que te hicieran esas consultas. Es imperativo que esto quede claro para aquellos que están en proceso de crear o mejorar su web, blog o negocio online. No me cansaré de repetirlo hasta la saciedad.

> Tienes que pensar como él o ella piensan y formulan sus consultas, no como te gustaría que te hicieran a ti esas consultas.

No es de extrañar que, si elegimos "mal" nuestras palabras clave, nuestros clientes potenciales jamás darán con nosotros ni con nuestras posibles soluciones a sus problemas, por muy bien intencionadas que sean. Es que incluso teniendo esta máxima en cuenta, es complicado posicionarse. Imagínate si no lo haces.

Tomemos mi propio ejemplo. Es cierto que algunos de los términos importantes de mi web son *marketing online coaching, coaching de posicionamiento web, coaching de marketing online, web coaching*, etc.

Si yo no fuese consciente de cómo funciona el posicionamiento y considerase los anteriores términos como mis palabras clave, estaría contentísima, porque tanto End2EndCoaching como Coach2Coach suelen salir en la primera página de resultados; pero además de contentísima estaría en las nubes, porque lo anterior no significaría que mi web está bien posicionada.

Así que esas **no son mis palabras clave**. Antes de elegir mis palabras clave hice un análisis de muchas, muchas, muchas posibles. Entre ellas, las mencionadas eran las que parecían las más adecuadas para mi web. Además, gracias a mi otra web, End2EndCoaching, ¡aparecía desde el principio entre las primeras! Entonces ¿por qué no tenerlas en cuenta como las palabras clave principales?

Porque NADIE las pone en el buscador principal de Internet: Google.

Esto, contrariamente a lo que mucha gente piensa, no se deduce a través del propio buscador, sino a través de herramientas específicamente desarrolladas para este cometido, como la *Herramienta de Palabras Clave de Google AdWords*. Como no quiero entrar en detalle, en el post *Herramienta de Palabras Clave* te explico cómo usarla.

Lo importante en este sentido es que **¿de qué sirve salir el primero si nadie busca tu palabra clave?** Por esto es fundamental <u>hacer un estudio</u>, aunque sea mínimo, <u>de los términos por los que queremos posicionarnos</u>.

FACTOR 3: CONTENIDO EFICIENTE

Al empezar a hacer nuestra web, con frecuencia nos "perdemos" en el diseño y la tecnología y nos olvidamos de que lo más importante, después de la arquitectura, es el contenido eficiente.

No sé por qué razón, el contenido eficiente ocupa un lugar bastante bajo en la escala de prioridades en el proceso de creación de una web. El contenido no es solo texto, también las imágenes son contenido.

Dos errores comunes: demasiado contenido y poco eficiente; o poco contenido, por tanto, poco eficiente.

Tenemos que darnos cuenta de que el contenido es la "chicha" de nuestra presencia online y que es el contenido (y los enlaces HTML internos bien colocados) el que conseguirá que nuestros visitantes se queden en la web, naveguen, compartan en las redes sociales, o nos ayuden a *viralizarlo*. El contenido es lo que les hace actuar y, si lo hacemos bien, tiene también el poder de atraer tráfico y conversiones. Podemos incluso dejarles puestas las baldosas para que vayan caminando hasta el lugar donde deseamos que lleguen. Pónselo fácil. Haz que disfruten. Además, el contenido es el "responsable" de que Google te indexe, también hemos pasado brevemente por este punto anteriormente.

Cualquier diseñador web te dirá que **si tiene un buen contenido sobre el cual desarrollar su trabajo, podrá ejecutarlo con mayor efectividad**. El contenido les da el marco desde el cual poder desarrollar una mejor presencia online.

En lo anterior, no hemos tenido en cuenta el SEO. Hemos hablado de sentido común, de planificar y elaborar un contenido que enganche, que convierta y que se comparta. Pues bien, además, el contenido debe incluir nuestras palabras clave. Tanto en texto como en imágenes. A continuación te doy unas breves pautas:

1. Con el contenido nos enfrentamos a un dilema (como con casi todo). Mientras que Google valora que tengas mucho contenido y que sea de calidad, por otro lado sabrás que los usuarios quieren inmediatez, las cosas fáciles y rápidas, no quieren estar leyendo parrafadas de tres kilómetros. Quieren la respuesta a su pregunta, ayer. Entonces, ¿qué hacer? **NO optes por poner poco contenido en beneficio de tus usuarios. Sería un grave error.** Pon una cantidad considerable de contenido, sin pasarte, (para Google) y pon llamadas de atención para tus usuarios. Que puedan leer o ver lo que quieres que lean o vean en cuestión de segundos; ya sabes que leen transversalmente, ayúdales.

2. No caigas en el error de contar en dos páginas la misma historia o casi. Que tengas mucho contenido no te va a favorecer por el mero hecho de ser mucho, si este es duplicado o casi. El usuario quiere que se le guíe a

través de las páginas, pero no quiere que le cuenten exactamente lo mismo cuarenta veces.

3. Esto parece una obviedad, pero para muchos no lo es. JAMÁS UTILICES CONTENIDOS (ni textos ni imágenes) COPIADOS DE OTROS (ni de ti mismo). Crea tu propio contenido. Google puede penalizar por contenido duplicado.

4. Crea contenido que tenga sentido tanto para tu audiencia como para Google. Contenido que sea útil, que dé información fresca y que responda a sus preguntas. Piensa en esa persona que, al haber escrito tu palabra clave, va a llegar a tu web: **dale la respuesta que espera**. Que el contenido tenga sentido para Google quiere decir que seas **<u>coherente</u>**. Si en una página hablas de aeronáutica y en otra de jardinería, probablemente Google no le encontrará ningún sentido ni relación y esto, recuerda, influye en tu ranking.

5. Usa tus palabras clave con fundamento y de forma congruente, que tenga lógica. *Con fundamento* me refiero a que no abuses de su utilización, no atiborres el texto con ellas porque esto puede resultar en penalización por parte de Google. Con *hazlo de forma congruente y lógica* quiero decir que no atiborres **todas tus páginas con todas tus palabras clave**. Todo esto es más complicado de lo que a simple vista puede parecer (además tienes que tener en cuenta la arquitectura, de la que hablo más adelante).

El SEO en gran parte está "dirigido" por el contenido. Google detecta de qué va tu web a través del contenido, si recuerdas lo que decía anteriormente, de modo que no lo ignores ni lo dejes para el final, para rellenar, ni pongas contenido por ponerlo. Recuerda, sé consistente en la temática y coherente con tus palabras clave.

FACTOR 4: ARQUITECTURA WEB

La arquitectura web es fundamental en tu posicionamiento. Aunque hagas todo lo anterior, si no tienes esto en cuenta, no te servirá de mucho.

En muchos de mis posts aseguro que *La Estructura es la Base del Posicionamiento*. Así es.

> Llevar a cabo todo lo anterior no tiene ningún sentido ni ningún efecto para tu SEO si la arquitectura de tu web es deficiente.

A lo largo de todo este libro he hecho hincapié en el tema de indexación y rastreo, en la importancia de que Google rastree e indexe nuestra web. Aquí, en la arquitectura, es donde desemboca aquello (o mejor dicho, de donde parte) y, sin embargo, suele ser siempre lo que "primero se deja para lo último". El error más garrafal de todos.

Sobre arquitectura y estructura web he escrito a raudales. Lo más importante es que comprendas que llevar a cabo todo lo anterior no tiene ningún sentido ni ningún efecto para tu SEO si la arquitectura de tu web es deficiente. Si es un desastre, imagínate. La estructura es el esqueleto sobre el que se sostiene tu proyecto, tu página.

Si la arquitectura, sobre todo la parte de la estructura que veremos ahora, no es eficiente, da igual que tu contenido sea fantástico o que tus palabras clave sean clavadas. Sería como tener unos músculos extra-fuertes pero no esqueleto: ¿de qué te servirían?

Recuerda que, además del enlace que ya he mencionado antes, también he dado algunos detalles sobre la estructura en el capítulo de introducción de este libro.

¿Qué se considera la arquitectura de una web?

Como digo a lo largo de todo el libro, la arquitectura (que yo a veces llamo estructura, porque habitualmente me refiero más a la estructura interna) es el esqueleto de tu web, lo que la sostiene en pie. Ignorar la arquitectura de tu web es osteoporosis prematura asegurada.

La arquitectura se compone, como yo lo veo, de tres elementos fundamentales:

- La estructura básica
- El contenido
- La apariencia

Dentro de cada una de éstas, hay factores que debemos tener en cuenta inexorablemente, como por ejemplo las palabras clave, la navegación o la experiencia del usuario.

Como ves en la imagen, hay un factor que se repite en las tres ocasiones. Las palabras clave. De ahí la importancia de identificar con el mayor grado de acierto posible las tuyas.

Sé que hoy en día lo habitual no es construirse una casa pero, si ese fuese el caso, si quisieses encargar la construcción de tu casa en lugar de comprarla hecha, estoy segura de que, primero, no te pondrías a colocar ladrillos. Casi con toda seguridad, primero planificarías. ¿Recuerdas el Factor número 1, Planificación?

Se trata de trasladar lo que tienes en mente al papel, de forma que el plano resultante sea una representación lo más exacta posible de tus ideas, del concepto de casa que tienes en tu cabeza. El diseño de los planos viene seguida de la identificación del terreno más apropiado, de la disposición y construcción de unos cimientos y muros de carga firmes y sólidos. No queremos que venga un pequeño vendaval y se nos lleve la casa, ¿verdad?

Con tu web es lo mismo. La planificación es lo primero, el diseño de los planos, pasar a algo físico lo que tienes en tu mente. Una vez has identificado cada detalle en la planificación hay que pasar a la estructura, a  los cimientos y muros que van a sostener tu web para que sea sólida y robusta. Lo principal aquí son dos cosas:

1. Una buena configuración interna, es decir, adaptar la configuración a tus necesidades; utilizar las etiquetas y meta etiquetas adecuadas; hacer los menús de forma eficiente y coherente; usar los enlaces permanentes adecuados para que tus URLs sean eficientes respecto al rastreo de Google y al SEO, etc.
2. Una buena estructura de enlaces internos.

Si lo anterior, que podría ser considerado los cimientos y los muros, el esqueleto, de tu web, falla, no habrá SEO ni on-page, ni off-page que valgan. Bueno, es posible que sí, pero te costará posicionar tu página diez veces lo que te costaría si preparas tu web bien desde el principio. El buen o mal rendimiento de tu web depende de su estructura, así que asegúrate de que la base está lo suficientemente bien configurada como para no tener que empezar de cero dentro de un año, o cuando sea que te des cuenta de que aquello no funciona.

Hasta aquí hemos visto la importancia de conocer cómo opera Google y el usuario, que son factores externos de tu web. A continuación hemos dado un buen repaso a los elementos fundamentales de tu SEO on-page, desde la estructura o arquitectura de la web hasta el contenido y palabras clave, además de otros factores que influyen en ellas.

En el siguiente capítulo vamos a profundizar un poco más en la forma de crear una estructura rastreable para Google y otros factores críticos para el buen rendimiento de tu web.

SEGUNDA PARTE

YA NO ERES UN NOVATO

A estas alturas del libro, y como te habrás dado cuenta,

…¡ya no eres un novato!

Si interiorizas y aplicas tan solo la primera parte del libro, ya sabes más que el 90% de la gente que se hace su propia web o blog. A partir de estos dos últimos capítulos ya puedes decir que sabes más SEO que la mayoría de personas que gestionan su propia web, así que, ¡felicidades!

Espero que hayas ido aplicando, poco a poco, todas las recomendaciones. Si es así, podrás comprobar en poco tiempo que el posicionamiento de tu web y tu tráfico han mejorado. No hay duda sobre esto.

Si vieses que en un par de meses sigues igual que al principio, tendrás que volver a revisar porque no sería normal.

Aquí quiero destacar, además de mis felicitaciones, que la tarea de monitorizar, revisar y corregir no es solo para aquellos que llevan aplicando todo lo anterior durante al menos un par de meses.

La revisión y evaluación de resultados es una parte fundamental para cualquiera que desee de verdad mejorar su SEO. Ya sabes que soy coach, y en Coaching una de las premisas más importantes es: si no sabes que algo no funciona, ¿cómo lo vas a mejorar? Pues aquí es lo mismo.

Si has adquirido este libro es porque sabes que hay cosas que puedes mejorar, pero leer este libro y aplicar todo esto una sola vez, no te va a servir de mucho. Hay muchas cosas que sí, con una vez que las hagas, es suficiente, como la correcta configuración de cara al SEO de tu web o blog. Pero la mayoría de las "tareas" es cuestión de práctica, perseverancia y análisis de resultados. Yo lo hago con una herramienta gratuita: Google Analytics. El uso e interpretación de Google Analytics da para otro libro, así que no lo veremos aquí. (Tienes varios posts y vídeos en la web sobre esto).

Recuerda, se trata de analizar de forma regular. Y claro, actuar en base a los resultados de esa evaluación. Si no estás obteniendo mejores resultados, entonces puede ser que quizá CREES que estás aplicando todo tal y como debes, pero no sea así.

Sin análisis no hay SEO.

CÓMO SER INDEXABLE

Google es muy listo, pero todos los motores de búsqueda son limitados en muchos aspectos a la hora de interpretar contenidos, URLs, etc. Las páginas web no las ven igual que nosotros, así que tenemos que hacer lo posible para que, técnicamente, nuestra web sea comprensible para Google.

CONTENIDO INDEXABLE

Lo creas o no, muchísima gente que se hace su propia web, o manda hacerla, cree que es suficiente con hacerla pública y el resto viene rodado.

Comencemos por lo más básico de la indexación, ahora que ya tienes unas nociones de cómo opera el mayor buscador actualmente.

Google solo lee código HTML, nada de Flash, ni Java *applets*, ni ningún otro contenido que no sea texto HTML

DEFINICIONES

Contenido indexable: contenido que Google y el resto de buscadores sean capaces de interpretar y comprender.

Estructura de enlaces internos: disposición adecuada de enlaces dentro de una misma web que fomenten la indexabilidad además de una óptima experiencia para el usuario.

(ojo, las imágenes, vídeos etc., también llevan atributos de lenguaje HTML, es decir, sí "valen").

Si tu web está en Flash, es como si no existieras para Google. Corrijo: es que no existes, punto. Y no solo no existes para Google sino que no existes para ningún buscador.

Así que has de asegurarte de que la mayor parte, si no todo, tu contenido, está en el lenguaje que Google y el resto de motores de búsqueda pueden interpretar, entender. Esto es lo que significa que tu *contenido sea indexable* y, por muy obvio o tonto que parezca, todavía hay muchas webs rodando por ahí que desconocen esta premisa.

Lo primero que necesitas hacer, una vez tienes tu web en HTML y lista para hacerla pública, es avisar a Google de que existes. Te presentas y Google te reconoce. Entonces te enviará a su araña para rastrear tu web, a ver de qué vas. Y ahora viene lo complicado.

ESTRUCTURA DE ENLACES INTERNOS RASTREABLE

Que Google reconozca tu existencia (rastreo) no significa que te indexe en la temática adecuada. Tienes que hacer un esfuerzo por dejar todas las pistas posibles para que su indexación sea óptima.

Ahora imagina que ya has publicado tu web y avisado a Google de tu existencia; la araña se pasa por tu página de INICIO, que seguramente es la que has dado como referencia: http://www.minuevaymaravillosaweb.com/.

¿Recuerdas cuando hablábamos de que el rastreo era como ir en metro? Imagina el plano de metro o una tela de araña.

La araña llega a la página que sea que has dado como referencia, y en esa página no hay ningún enlace a ninguna otra página dentro de tu web. ¿Qué hará la araña? ¿Esperar a ver si lo pones un día? ¿Quedarse a dormir ahí? ¿Anidar?

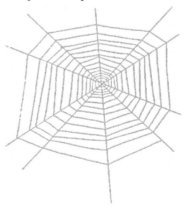

Qué va. Esta araña es un arácnido muy especial, no para. Si no le das un lugar hacia dónde ir, coge y se va. A otra cosa, mariposa. De modo que, sí, ha llegado hasta esa página, la ha interpretado y punto. ¿Crees que con eso tiene suficiente información para indexarte, para clasificarte, correctamente? Imposible. Pero ojo, lo mismo ocurrirá si, pese a tener enlaces internos que la guíen más allá de la primera página, no hay una coherencia entre esas páginas, información que ella pueda entender, interpretar y finalmente clasificar.

Si los enlaces son un lío, ella se hará un lío. En esto, nosotros, los seres humanos, y la araña somos muy parecidos. De esto hablaremos más detenidamente en el capítulo que versa sobre la experiencia del usuario.

Entonces, si la araña (o robot) no sabe muy bien cómo clasificar tu contenido, no te lo va a pedir por favor. ¿Sabes lo que hará? ¿Recuerdas los inmensos centros de almacenamiento que mencionaba al principio? Sí, tu web ya podrá entrar en ese índice de Google, pero en una carpeta sin título, porque no tiene clara tu temática, de qué vas, qué resuelves a los usuarios de Google.

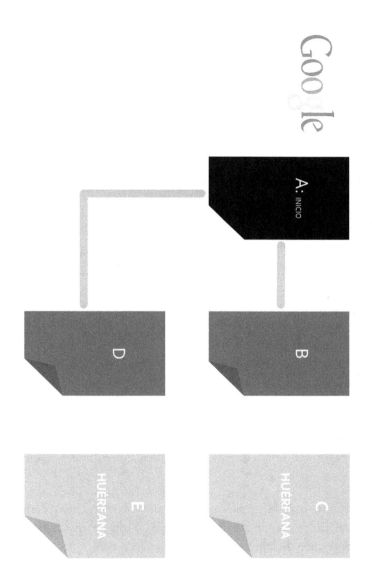

¿Recuerdas el símil de los papelotes que narraba en la introducción?:

Piensa en todos esos papelotes que tienes en la oficina, en una de tus bandejas. O en esos papelotes que tienes en casa, en una cesta, pendientes de clasificar o incluso de tirar a la basura. Los típicos que se quedan ahí durante meses hasta que un día decides hacer limpieza, o peor…, en esa maraña de cartas, publicidad, facturas, tickets de compra, menús de pizzerías y comida china, sabes que ahí dentro hay algo que buscas. Quizá un presupuesto de pintura que te hicieron hace meses y es ahora cuando finalmente decides ponerte manos a la obra. ¿A que te cuesta, normalmente, un triunfo encontrarlo?

Eso mismo ocurre con tu web, si no es posible clasificarla para Google. La cogerá y la pondrá en la carpeta de, como yo los llamo, "papeláneos". Sabes que está ahí dentro, pero vete a saber dónde. ¿Quién la va a encontrar?

Aquello que la araña o robot no sabe muy bien cómo clasificar, va a una gigantesca carpeta o pila de misceláneos, por decirlo de alguna manera.

USO Y ABUSO DE LAS PALABRAS CLAVE

Las palabras clave son fundamentales para el proceso de búsqueda, porque son los bloques semánticos sobre los que Google construye sus bases de datos, sus índices de búsqueda.

Como decíamos antes, a medida que los motores de búsqueda rastrean e indexan los contenidos de las páginas que van encontrando por la web, van construyendo un registro de datos en índices. Esos índices tienen nombres basados en las palabras clave. De ahí la importancia de que Google sepa exactamente de qué va tu web mediante su correcta interpretación de tu contenido, que deberá contener a menudo tus palabras clave, sin abusar.

Por tanto, aunque parezca una obviedad, siempre es bueno recordar que, si quieres que tu página cuente con una mínima oportunidad de obtener un ranking "decente" (PageRank), lo menos que debes hacer es asegurarte de que tu palabra clave forma parte del contenido indexable de tu documento HTML.

No abuses de las palabras clave

Desde los orígenes de la búsqueda online, se ha abusado de las palabras clave para conseguir manipular la forma en que los motores detectaban las páginas. Seguramente recordarás cómo, hace años, llegabas a una web y leías la misma palabra, muchas veces en **negrita**, cientos de veces en un texto relativamente corto. El término para aquella mala práctica es *keyword stuffing* (*stuffing* significa atiborrar, rellenar a la fuerza, como un pavo en nochebuena).

Esto era debido a que, al principio, los motores de búsqueda dependían de las palabras clave como su factor primordial para asignar la relevancia de cada página, de hecho era casi el único. No contaban con otro medio de identificar la temática de cada documento online.

De esta forma, si yo quería aparecer de los primeros en una palabra clave determinada, digamos "libros", solamente tenía que escribir la palabra "libros" dentro de mi texto más veces (proporcionalmente) que mi vecino, que era el que aparecía en primer lugar. Así, las páginas estaban plagadas de una proporción abusiva de palabra clave, y los textos a veces eran ilegibles.

Google empezó a tomar cartas en el asunto y poner remedio a esto, que no hacía más que perjudicar a sus usuarios. El keyword *stuffing* hoy ya no tiene los mismos resultados. De hecho puedes ser penalizado si Google juzga que tus textos son un poco abusivos en este sentido.

OPTIMIZACIÓN DE PALABRAS CLAVE ON-PAGE

Pero no nos engañemos, por mucho que las palabras clave hayan perdido su gran relevancia original, esto no quiere decir que ya no sean relevantes. Siguen siendo primordiales a la hora de identificar la temática de tu web y de cada una de sus páginas y, por tanto, uno de los factores de ranking a tener más en cuenta.

De modo que ahora te voy a dar una serie de recomendaciones relacionadas con las palabras clave que debes aplicar siempre, tanto en tus páginas estáticas como en tus entradas del blog. Solamente aplicar estas sencillas pautas dará "potencia" añadida a tu web:

 Pon tu palabra clave en el título e intenta hacerlo lo más cerca posible del principio (títulos de páginas o de posts).

 Pon tu palabra clave en tu título H1, ya dentro del contenido de la página o del post.

 Pon tu palabra clave en la URL de la página o del post (que coincida más o menos con el título de la página)

 Pon tu palabra clave en el contenido, tanto en el texto como en las imágenes. Varias veces en el texto, solo en una de las imágenes.

Pon tu palabra clave en la descripción meta de la página o del post (no influye en el ranking pero sí en los usuarios).

 No tengas varias páginas o entradas que se centren en la misma palabra clave, ten solo una por cada.

Ahora reciclemos y profundicemos en la experiencia del usuario de la que hablábamos en el capítulo 3.

EXPERIENCIA DEL USUARIO

Es crucial para nuestra web que tengamos en cuenta cuál queremos que sea la experiencia de nuestros usuarios y lo que nos gustaría que hiciesen.

EL IMPACTO DE LA USABILIDAD

Imagina que entras en el Corte Inglés y te encuentras unos grandes almacenes que están desordenados: los complementos están mezclados con el supermercado, con ropa de caballero y hogar. Viajes está junto con deportes y ropa de señora. En fin, esto sería un caos y, casi con toda probabilidad, te marcharías enseguida sin haber encontrado lo que buscabas. Además de irte, lo más seguro es que tampoco volvieses.

A la hora de empezar a hacer nuestra web, solemos hacer medianamente bien el planteamiento inicial, pero después nos liamos. En cuanto empezamos a pensar en todo lo que queremos "poner", nos perdemos.

Cuando empiezo a analizar las webs de mis clientes, lo más llamativo suele ser la estructura deficiente, que tiene mucho que ver con la usabilidad. El número de páginas suele ser demasiado alto o demasiado bajo. El impacto de una estructura deficiente recae directamente sobre la usabilidad y la experiencia del usuario: recuerda que en el tema de posicionamiento, todo está relacionado.

La usabilidad con la estructura, la estructura con los enlaces y la indexación, etc. De todo esto ya hemos hablado. Profundicemos algo más en la usabilidad web y la experiencia del usuario.

USABILIDAD Y EXPERIENCIA DE USUARIO

Parece que el único que piensa en los usuarios es Google y por eso quiere obligarnos a hacer lo mismo. Es lógico que quieran facilitarles los mejores resultados posibles, aunque ¿quién determina qué es "lo mejor"?

Solemos pensar en nuestro público objetivo cuando planificamos, organizamos y diseñamos nuestra web, ya que si no fuese por y para ellos, seguramente no estaríamos pensando en crear un blog, tienda online, etc.

Sin embargo, tanto en la fase de inicio como en el desarrollo, es común olvidarse de ellos para pensar primordialmente en nosotros y lo que queremos contar, casi siempre de forma un tanto atropellada.

Hemos de tener en cuenta que al final, son ellos, los usuarios y lo que experimentan durante su estancia en nuestra web, quienes van a hacer más uso (o menos) de ella, en dependencia de cómo la estructuremos, las pistas que dejemos y las llamadas a la acción que intercalemos. Todo esto sin olvidar que Google es quien mejor conoce a sus usuarios y también es quien va a determinar en primer lugar si nuestro contenido es el apropiado para las consultas de ese público que hace sus consultas.

Así que Google, por supuesto, se ha convertido en un experto a la hora de hacerse una idea bastante aproximada de las cosas que prefieren y satisfacen a

millones y millones de personas ahí fuera, que escriben sus consultas en la cajita de "*Google Search*".

Teniendo en cuenta todo lo dicho hasta ahora, como que los motores de búsqueda no tienen todavía métodos o la tecnología suficiente como para leer texto plano o ver imágenes y vídeos de la forma que podemos los humanos; y que los contenidos, sean buenos o malos, al final lo que buscan es una inter-relación con personas de verdad, no nos queda otra que ponérselo fácil a ambos, motores de búsqueda y humanos.

Solamente una buena combinación de estrategias con estas dos diferentes "dianas" a las que apuntar dará como resultado un excelente posicionamiento.

Dicho así, parece algo sumamente sencillo, pero si así fuese, lo habría puesto al principio de este libro, y no al final. Ahora que has llegado hasta aquí ya sabes la complejidad y las implicaciones mínimas que conlleva "meterse" en estos berenjenales.

Dicho esto, sí sabemos que hay tres o cuatro cosas relativas a la usabilidad y experiencia del usuario, que tienen en común todas esas webs a las que Google tiene en muy alta consideración.

Algunas pueden ser, en apariencia, demasiado obvias, pero créeme, no lo es tanto cuando hay que ponerlo en práctica:

💜 En primer lugar, son sitios con una navegación que fluye, son fáciles de usar, entender e interpretar para el usuario.

- Dan una respuesta directa y correcta a las consultas de los usuarios. Son relevantes.

- Proporcionan información y contenido que es original, de gran calidad y comprensible.

- Son webs diseñadas de forma profesional estéticamente hablando, accesibles a los navegadores modernos y además son funcionales.

PERO ¿QUÉ ES UNA WEB FUNCIONAL?

A lo largo de todo este libro he estado hablando constantemente de las funcionalidades de una web o de las plataformas de gestión de contenidos como puedan ser Blogger o WordPress. He indicado, por ejemplo, que WordPress goza de muchas más funcionalidades que la mayoría de CMSs y además de una mayor funcionalidad (en este caso, me refiero a dos cosas distintas a través de la misma palabra).

Sin embargo, en ningún momento me he detenido a explicar qué es la funcionalidad de una web, qué significa que una web sea o no funcional y qué debemos tener en cuenta antes, la funcionalidad y distintas funcionalidades o la estética y creatividad que transmita.

Recordarás que respecto a la estética, a la apariencia, te decía en el capítulo 4: "*olvídate de ella*"... de momento. Aquí te voy a explicar por qué.

Me he tomado la molestia de buscar las definiciones de las tres palabras, por si acaso yo estaba en las nubes y estaba distinguiendo entre términos que en realidad eran iguales. En efecto, se confirman mis sospechas. No es lo mismo la funcionalidad de algo que las funcionalidades. Con el siguiente ejemplo te va a quedar claro:

> *Ejemplo: WordPress tiene una gran funcionalidad porque en su conjunto es un CMS que resulta práctico y utilitario, es decir, antepone su utilidad al resto de sus cualidades.*
>
> *WordPress, además, tiene muchas funcionalidades o puede tenerlas. Además de las que ya tiene por defecto, como es la posibilidad de crear un blog a la vez que una web, también tiene la opción de instalar miles de funcionalidades más, como*

DEFINICIONES

Funcional: algo que se caracteriza por tener una utilidad eminentemente práctica.

Funcionalidad: conjunto de características o atributos que hacen que algo sea práctico y utilitario.

Funcionalidades: atributos que se refieren a la existencia de un conjunto de funciones y sus propiedades específicas.

pueda ser una tienda eCommerce o un formulario de contacto. Estas funcionalidades suelen ser los plugins, aunque hay temas que tienen muchas funcionalidades que no tienen por qué ser plugins.

¿A que ahora comprendes a la perfección la diferencia entre funcionalidad y funcionalidades?

Hace unos 5 años me animé a estudiar interiorismo. Me fascina la decoración y el diseño de interiores. Entonces estudié cómo las viviendas pasaron de ser, hasta prácticamente principios del siglo XX, un lugar para tener abrigo y poco más, a viviendas funcionales, es decir, que además fuesen capaces de satisfacer ciertas necesidades adicionales de sus habitantes. Le Corbusier fue uno de los precursores de la idea de entender al vivienda como una máquina.

Así pues, funcional NO es algo que funciona, sino que cumple la función de, o logra, satisfacer las necesidades de sus usuarios. Una mesa de comedor es funcional solamente si es posible comer sobre ella. Si es demasiado alta o baja para este menester, no es funcional, por muy hermosa que sea y muchas patas que tenga (funciona).

Entonces una web funcional es una web que cumple su función, no que solamente funciona. Puede ser completamente operativa, estéticamente magnífica, pero si no cumple el objetivo, se trata de una web deficiente. Si no tienes claro cuál es exactamente el objetivo que debe alcanzar tu negocio online, tu web, no esperes que lo cumpla, porque no vas a diseñar una web funcional en base a ese objetivo.

De modo que has de preguntarte cuál es la función que debe cumplir tu web, cuál es su objetivo. ¿Es tener muchos seguidores en Twitter? Necesitarás funcionalidades en tu web que permitan y fomenten que la gente te siga en Twitter. ¿Es lograr que tus lectores se suscriban a tu blog? Necesitarás funcionalidades que permitan y fomenten su suscripción. ¿Es que compren tus productos online? Necesitaras funcionalidades que permitan y fomenten la compra... y así sucesivamente. Piensa también, respecto a tus metas, que siempre hay un último objetivo, más allá de la suscripción o de que te sigan en Twitter. ¿Para qué, en última instancia, quieres que te sigan, o esa suscripción? Puede que sea la venta, puede que sea adquirir relevancia y autoridad como persona de referencia en ciertos temas... En definitiva, en tus respuestas reside la funcionalidad de tu web.

WEB FUNCIONAL vs WEB ESTÉTICAMENTE ESPECTACULAR

No tiene por qué ser "versus". De hecho, no es aconsejable.

Que una web sea funcional no está reñido con que sea estéticamente fabulosa, en absoluto. Recuerda que en este capítulo estamos hablando de la experiencia del usuario y, nos guste o no, la estética es importante a la hora de causar una impresión en él o ella.

No se trata de elegir una cosa u otra, sino de que ambas vayan juntas de la mano, siempre que sea posible, y **siempre y cuando el diseño esté al servicio de la funcionalidad**, no al contrario.

Veamos un ejemplo de una web que sería funcional y a la vez atractiva:

> *El usuario encuentra en Google o entra directamente a una web que carga de forma rápida, menos de 5 segundos (funcionalidad); lo primero que muestra la web es el nombre, el negocio, la marca, o el eslogan en un lugar estratégico (funcionalidad) hacia donde es más probable que el usuario dirija su mirada (generalmente arriba a la izquierda). En esa primera impresión, la web ya ha mostrado sus colores corporativos o característicos, imágenes, tipos de letra, etc., (diseño) que llaman la atención y retienen al usuario, encaminándole hacia los lugares o contenidos más importantes (funcionalidad). Un menú que le orienta de forma fácil y comprensible, le ayuda a encontrar lo que anda buscando (funcionalidad) rápida e intuitivamente. Hay elementos que atractivos que le mantienen en la página (diseño) y diferentes secciones que facilitan su navegación de*

forma clara y lógica (funcionalidad). El contenido es fácil, comprensible y atractivo (diseño y funcionalidad).

Como ves, la funcionalidad hace que la navegación del usuario sea fácil, interactiva, ágil, dinámica. Mientras, el diseño se encarga de captar y retener su atención visualmente y su interés intelectualmente. Además, el diseño, si bien concebido, también es el responsable de transmitir los rasgos o aspectos intangibles de su marca, como sus valores, su estilo, su cercanía, etc. Esto hace muy importante la elección del tema (plantilla) en WordPress, por ejemplo, no solamente por la apariencia del mismo sino por las distintas funcionalidades que cada uno de ellos pueden ofrecer.

Una comunicación clara con los lectores, clientes o audiencia objetiva es síntoma de una buena funcionalidad, por encima de un buen diseño.

Para recapitular sobre este tema, decir que el número de variables que los motores de búsqueda como Google pueden tener en cuenta es limitado, por muchas operaciones y algoritmos matemáticos que formulen. Tus palabras clave, enlaces internos, estructura etc. Sin embargo hay elementos que necesariamente han de tener en cuenta también, además de todo eso que forma parte de tu SEO on-page.

A través de la participación y retención de tu público objetivo, de tu habilidad para mantener el interés a través del contenido, de tu estrategia de linkbuilding etc., los buscadores son capaces de intuir, digámoslo así, la popularidad y relevancia de tu web con respecto a ciertas búsquedas por parte de los usuarios. Búsquedas que, si lo haces bien, supuestamente coincidirán con tus palabras clave. Por tanto es de suma importancia que no dejes la usabilidad, estructura y experiencia del usuario en segundo término.

Estos factores aportan un enorme beneficio (que además es cuantificable, si configuras Google Analytics para ello) de cara al ranking o *authority* de tus páginas y dominio. Cuantos más enlaces entrantes y más tiempo dentro de la web y menor tasa de rebote, mayor popularidad y relevancia. No lo olvides.

SEO OFF-PAGE

El SEO off-page es el que se aplica "fuera" de tus páginas web. Se trata de construir colaboraciones, sinergias, enlaces, externos. Una estrategia de posicionamiento sin SEO off-page es prácticamente inútil. De nada sirven la una sin la otra.

EL SEO OFF-PAGE FORMA PARTE DE TU REPUTACIÓN

El objetivo final tanto del SEO on-page como del SEO off-page es el mismo: mejorar tu ranking y tu posicionamiento. Sin embargo, los medios que utilizamos en cada uno de ellos son totalmente distintos.

Construir una reputación en internet no es cosa sencilla. Tu reputación no es la que tú te quieres dar ni la que te gustaría tener, sino la que te asignan los demás: el gran público. Esa reputación, que repercute directa o indirectamente en tu ranking y finalmente en tu posicionamiento, suele generarse a través del SEO off-page.

Hay blogs y webs que no necesitan prácticamente realizar acciones de SEO off-page. Su fama les precede, no les hace falta. Otros se las ingenian para conseguirlo sin esfuerzo alguno, son admirables. Bien siendo polémicos o increíblemente buenos en sus contenidos, por ejemplo. No necesitan "salir ahí fuera" a que les enlacen porque la gente ya lo hace de forma automática. Ole por ellos.

Sin embargo, la mayoría de nosotros tenemos que poner mucho esfuerzo en conseguir esos enlaces, que es en lo que se basa el SEO off-page, como ya has visto en los capítulos anteriores. Pero veamos esto en detalle.

PRIMERO, EL SEO ON-PAGE

En la entradilla del capítulo decía que es casi inútil tener una estrategia de posicionamiento que no incluya el SEO off-page. Pero de nada sirve tampoco al contrario. ¿Quién te va a enlazar si la estructura de tu web es una maraña de páginas, o si la usabilidad es pésima, o si tu contenido es una birria?

Mi consejo es: al empezar con tu web, céntrate en "niquelar" tu web "por dentro", configurarla lo mejor posible de cada al SEO. También, utiliza en tus páginas y posts las técnicas mínimas de posicionamiento en los títulos, descripciones, meta-tags, imágenes, etc. Esto es tu SEO on-page. Optimiza al máximo todo lo que puedas o sepas, que ahora ya es mucho. Cuando tengas la certeza de que tu estructura es casi perfecta, la usabilidad es óptima y todo lo demás, entonces sí, ponte con el SEO off-page. No antes, porque va a ser un esfuerzo muy grande y no te va a dar ningún resultado.

> Configura tu web "por dentro" lo mejor posible y utiliza técnicas de SEO on-page

Algunos de mis clientes e incluso algunas consultas que recibo a través de Coach2Coach tratan de esto precisamente. Han oído hablar del SEO off-page y quieren aprender a correr antes de saber caminar. Examinamos la web y resulta que es un "desastrín".

Así, muchas veces tengo que pararles un poco porque si fuera por ellos se lanzarían a conseguir enlaces en las webs de máxima reputación antes de siquiera haber optimizado la estructura y usabilidad de sus páginas. Lo bueno que tiene esto es que veo la gran motivación que tienen, ¡las ganas de hacer lo que hay que hacer!

De modo que este capítulo es para tu conocimiento y para que apliques su contenido, DESPUÉS de haber comprobado que tu web está "niquelada".

LO QUE OPINAN DE TI SE DEMUESTRA CON ENLACES O SU AUSENCIA

Los backlinks o enlaces entrantes a tu web son puntos a tu favor de otras webs. Digamos que son los ladrillos del SEO off-page. O su moneda de cambio.

Conseguir backlinks no es tarea fácil. Voy avisando. Seguramente conseguirás bastantes, pero de webs que ni te van ni te vienen. Una lástima. Si bien esto no es negativo, tampoco es que aporte demasiadas ventajas de cara al SEO de tu web. Aun así, siempre es mejor tener 10 backlinks de webs de menos reputación que ninguno. Eso está claro.

Lo que necesitas conseguir son muchos, muchos, muchos backlinks, y que bastantes de ellos provengan de webs que tengan una reputación más alta que la tuya propia. Si imaginamos que los backlinks son una moneda de cambio, que tiene distintos valores, lo mejor es que consigas dólares, euros y libras esterlinas. Aunque en menos cantidad, se valoran más que millones de pesetas o de liras italianas.

Ten en cuenta que lo más habitual será que consigas muchas pesetas y pocos euros, pero por cada euro que consigas será como si tuvieses 166 pesetas. Si consigues libras esterlinas, ¡mejor aún! Y recuerda, el black-hat SEO en esta alegoría sería la evasión de impuestos y tener cuentas escondidas en Suiza. Si tuvieses la opción… ¿qué harías? ☺ Ahí lo dejo.

¿Y cómo sé yo quién tiene euros y quién pesetas?

Malas noticias. Hasta hace unos cuantos meses, era posible averiguar el PageRank de una web de forma relativamente fácil. Si el PR era alto podías decidir si intentar que esa web te enlazase o no.

En la actualidad Google ha dejado de actualizar el PR de los sitios. El que tuvieses, es con el que te vas a quedar. Por tanto ya no podemos saber si una web tiene mejor PR que la nuestra, porque aunque podamos mirarlo, no sabemos si ha cambiado desde el año pasado hasta la actualidad. ☹

¡Hay un "sustituto"!

Ahora en lugar del PR, puedes tener información sobre la *autoridad* del dominio (*domain authority*) y de la página concreta (*page authority*) que tienes en mente. Puedes utilizar (con límite) la herramienta de Moz.com *Open Site Explorer* de forma gratuita para comprobar algunos DA y PA o incluso las tuyas propias. También tienes disponible una extensión para Google Chrome y Mozilla. Todo esto lo puedes ver en la web de http://moz.com/tools y baja hasta el titular *"These tools are free for everyone"*.

Cuanto más altas las calificaciones (bastante fiables, estas de Moz), mejor. Ten en cuenta que la autoridad se construye, por decirlo de alguna manera, en progresión geométrica. Es decir, un 3 de DA y PA es una relativamente buena calificación para empezar.

En nuestra metáfora, esto quizá no llegue a dólares, pero tampoco son pesetas. Recuerda que quieres euros y sobre todo libras esterlinas y que todos esos backlinks son una demostración de la confianza de otras webs en la tuya o en tu contenido, son votos a favor. Si no tienes enlaces entrantes, es que no hay mucha gente que valore tu web demasiado ahí fuera, y eso Google lo sabe y afectará a tu indexación, a tus propias DA y PA y por tanto a tu posicionamiento.

LA DIFERENCIA ENTRE SALIR O NO EN LAS SERPS

La diferencia puede radicar justamente en los resultados de tu estrategia de SEO off-page, o lo que es lo mismo, en el número y calidad de los enlaces que apuntan a tu web. Así de simple.

Es posible que tu web esté niquelada y que tu contenido sea fabuloso, que cumplas todos los "requisitos" del SEO on-page para aparecer en la primera página de resultados y además entre las primeras posiciones, y sin embargo... ¿qué ocurre? ¿Por qué no estoy?

La respuesta puede ser tan simple como que nadie, o nadie de suficiente relevancia, sabe de ti.

A ver, esto es bastante improbable. Si tu web está bien estructurada, etc., y tienes una cierta popularidad, por ejemplo en las redes sociales, es bastante improbable que NADIE haga referencia en su web a alguno de tus artículos.

Ahora bien, si quienes sí lo hacen, tampoco son muy populares o relevantes en el tema... exacto: no sirve de mucho. De algo sirve, pero no de mucho. Por eso es necesario formular una estrategia y un plan de acción relacionado con el linkbuilding, los backlinks y en definitiva, el SEO off-page.

QUÉ INCLUIR EN TU ESTRATEGIA DE LINKBUILDING

Este es un tema muy amplio, pero aquí te diré a grandes rasgos algunas de las cosas que puedes hacer.

Por supuesto, las redes sociales son el punto donde comenzar. Si tus contenidos son buenos, serán valorados y difundidos. Cuanta más difusión, más probabilidad de que alguien te enlace.

Llama la atención de bloggers de reputación para que te enlacen. Llama la atención a través de títulos originales, mencionándoles en las redes sociales etc.

Date de alta en foros de preguntas tipo Yahoo Respuestas. Busca preguntas que puedas responder con calidad y al final añade un enlace al post que pueda ampliar aún más la información.

Encuentra y date de alta en webs que permitan perfiles donde puedas agregar tu URL. Por ejemplo SlideShare, about.me, Womenalia etc. También hay webs especializadas que actúan a la vez de directorios donde puedes añadir tu perfil. Por ejemplo, yo estudié Coaching en el Instituto Europeo de Coaching. Entre otras cosas, en su web tienen un directorio de las webs de coaches que estudiaron allí. Si te das de alta en algunas de estas webs, no caigas en el error de simplemente darte de alta y luego abandonarlas para siempre. Encuentra la forma de aportar a ellas a la vez que te aporten a ti. P.ej. Womenalia. También hay webs que reúnen expertos en campos x. Por ejemplo, en Coaching, por decir uno, está el Portal del Coaching.

Y por último, los comentarios. Aunque no suele añadir demasiado a tu DA y PA, es bueno para tu reputación comentar de vez en cuando en algunos blogs que tengan que ver con tu temática. Te pueden proporcionar enlaces entrantes (a no ser que no lo permitan, en cuyo caso se denominan enlaces nofollow) pero como mínimo te pueden llevar visitas, además de que puedes empezar así a construir relaciones, bien con los dueños de los blogs, bien con sus lectores.

Añado uno más, pero como *bonus* porque en realidad hay que tener mucho cuidado con "las malas compañías", como nos decían nuestros padres de pequeños. Los directorios de enlaces. Esta era una práctica común en SEO pero ha ido cada vez a menos debido a su mal uso. Hoy día dudo mucho que dar de alta nuestra web en directorios de este tipo tenga alguna influencia positiva en nuestro posicionamiento. En muchas ocasiones puede resultar incluso perjudicial. De ahí que solamente quiera mencionarla como opción por si quieres profundizar en el tema por tu cuenta y utilizarlos a tu cuenta y riesgo.

ENLACES ENTRANTES DO-FOLLOW Y NO-FOLLOW

Como te decía un poco más atrás, a estas alturas ya sabes más de SEO que muchos supuestos expertos en SEO. No, ¡en serio!

Por eso he querido no dejarme algo que considero muy importante en el tintero, aunque ya sea terreno algo más técnico y complicado como son la usabilidad y el SEO off-page, y dentro de este último, los enlaces do-follow y no-follow.

Do-Follow: el que suma puntos

Cuando un enlace entrante a tu web es do-follow, significa que esa otra web te está traspasando "link juice", es decir, el famoso voto de confianza, de su parte. Esto suma puntos a la PA de la página concreta que hayan enlazado. Es decir, cuando la araña de Google llega a la web que apunta a una de tus páginas y rastrea este enlace, el atributo *"rel-dofollow"* le indica que siga hacia nuestra web y ella va, muy obediente, y nos rastrea también, puede que por 1ª, 2ª o 1000ª vez. Genial.

En este sentido, es mejor tener enlaces do-follow que no-follow.

No-Follow: el enlace tristón

Al contrario que el anterior, el enlace no-follow no traspasa link juice, ni autoridad, ni mejora tu posicionamiento… directamente. Por eso le llamo enlaces tristones. Cuando la araña llega a un enlace con atributo *"rel-nofollow"*, la web le está diciendo *"Sí, aquí hay un enlace a este sitio pero no vayas para allá".* Así que la araña, muy obediente, sigue dando vueltas por esa otra web o se va a otro sitio, pero desafortunadamente, no al nuestro. Ooooh. ☹

Entonces, ¿no me sirven? Bueno, tampoco hay que ponerse trágicos. Ten en cuenta que cualquier enlace a tu web, aunque solo sea nofollow, al menos te traerá tráfico. Al final, ¿no es eso lo que queremos? ¿Tráfico?

Hay un post en mi web que explica mucho más detalladamente todo esto: Linkbuilding enlaces dofollow y nofollow.

CONCLUSIÓN

Mucho camino has recorrido ya. Más de 20mil palabras. Pero recuerda que las palabras y las cosas que leemos no funcionan por sí solas. Hemos de ponerlas en práctica, de lo contrario es como si no las hubiésemos leído. No nos sirve de mucho.

Te aconsejo que, después de esta primera lectura vuelvas a hacer una segunda y vayas aplicando cosas poco a poco. No pretendas implementar toda esta estrategia en una semana. Es mi consejo. Eso solo daría lugar a una "sobrecarga del sistema", te sentirías abrumado. Y cuando nos sentimos abrumados, sobre todo por sobrecarga de trabajo o de información, tendemos a abandonar.

No tengas prisa, si hasta ahora tu web tenía un PA de 1, no la vas a subir en dos semanas, así que ¿qué más da si tardas 1 mes? Lo mejor es que lo hagas de forma inteligente y cuidadosa. Y fase a fase.

Huelga decir que si necesitas a una profesional que te oriente, ahí estoy, con el Coaching como telón de fondo que da paso a mis conocimientos de creación web y posicionamiento. Esta unificación, para mí, da como resultado que...

El posicionamiento es mucho más que tácticas para salir "más arriba" en las SERPs.

Apoyo y Soporte Profesional

Puedes contactar conmigo si deseas obtener soporte profesional para completar tu formación SEO o para crear tu web con fundamentos basados en tu misión y en el SEO, combinación que no encontrarás en otros profesionales. Trabajaremos juntos para que consigas clarificar y alcanzar tus metas.

También tienes la posibilidad de obtener una consulta inicial gratuita donde pondremos en común tus objetivos y formación. Detalles en la web. (*Coach2Coach.es*)

Tu Coach

Esther Roche Polo es la fundadora y CEO de **End2EndCoaching** y **Coach2Coach**, especializada en web coaching y Coaching para Emprender. Es Técnico Superior en Coaching Personal y Máster Internacional Experto en Coaching nº 420 por el Instituto Europeo de Coaching (IEC, Las Rozas, Madrid), que a su vez es una escuela certificada por la International Coaching Federation (ICF) y por la Asociación Española de Coaching (ASESCO).

Esther Roche

Esther Roche es Web Coach y Coach de Emprendedores. Su camino, en esencia, no fue muy diferente del tuyo, y ahora se dedica a guiar a las personas a través de sus propios caminos, sea en el ámbito de emprendedores o de emprendedores online, acompañando a sus clientes en la creación, mejora o posicionamiento de su sitio web, un sector que le apasiona.

Sus más de 20 años de experiencia en torno a actividades relacionadas con el manejo de proyectos, la calidad y la mejora de procesos, avalan su iniciativa y aptitudes creativas, su decisión y enfoque en el desarrollo personal y profesional.

Aunque posee una disposición "natural" para emprender, ha desarrollado sus aptitudes aún más para convertirse en la profesional que es hoy. Así, lleva varios años dedicada a su propio crecimiento en el campo del marketing online, del Coaching y de emprendedores, para poder ofrecerte lo mejor de sí misma, de su aprendizaje y de su experiencia.

"Pocas cosas hay que me motiven más que orientar, apoyar y motivar a personas con deseos de mejorar, con ambición de superarse y dispuestas a cuestionarse a sí mismas. Por ello estoy aquí y he creado este manual que, como decía al principio, no es más que un humilde agradecimiento por tu confianza. A la vez trata de ser un útil para tu propia motivación y superación. Una herramienta para que seas consciente de que la máxima expresión de ti mismo está dentro de ti y no fuera. ¿Lo comprobamos?"

Adelante, feliz posicionamiento, y muchos, muchos éxitos.

Esther